생각하는 교사,
생각하는 교회학교

박현동 지음

징검다리

생각하는 교사, 생각하는 교회학교

목차

2부_ 다음세대와 프로그램

추천사

저자 박현동 목사는 평생 동안 청소년들을 위해 헌신해 온 청소년 사역 분야의 참 스승이라고 말할 수 있다. 박현동 목사와 교제해 온지가 벌써 20년이 넘어간다. 그때부터 지금까지 박현동 목사의 청소년들을 향한 열정은 변함이 없고 오히려 더 뜨거워진 듯하다. 이 책이 청소년을 돕는 교사들에게 도움이 될 것을 확신한다.

김형민 목사_아둘람교회 담임목사, 명지대학교 교수, 청소년사역자협의회 회장

저자 박현동 목사는 이론과 실천적인 청소년 사역 매뉴얼을 진솔하고도 따뜻한 글로 이 책에 담았다. 저자가 청소년 사역의 동반자인 교사들에게 전하는 청소년 이해와 프로그램으로 돕고, 한국 교회에게 다음세대를 향한 통찰과 안목을 제시한다. 부모에게는 자녀를 이해하는 안내서요. 교사에게는 탁월한 참고서요. 교역자들에게는 친절한 길잡이 같은 책이다. 단번에 읽기 쉬운 책이면서도 항상 옆에 두고 보는 청소년 사역의 『시크릿』같은 책이다.

탁주호 목사_전 성서유니온 총무, 전 청소년사역자협의회 회장

이 땅에 청소년을 살리고 건지기 위해 묵묵히 불 밝히는 등대지기처럼 십대지기로 살아온 박현동 목사가 그동안 생각하고 사역해온 이야기를 풀은 책이다. 무엇보다 한 글자, 한 문장마다 그동안 걸어왔던 삶을 알기에 생명과 생기를 느낄 수 있어 좋다. 부디 한국 교회의 다음세대를 생각하고 기도하는 이들이 함께 읽고 새로운 시대 새로운 사역으로 생명 있는 세대를 열어가는 기회가 되기를 기대한다.

왕동식 목사_전 서울YFC 대표

말과 행동이 일치된 사역의 길을 걷기는 쉽지 않은 일이다. 특히 청소년 사역을 하면서 환경과 조건에 따라 흔들리지 않는 것은 더 어려운 일이다. 그 길을 포기하지 않고 달려온 이유를 이 책을 통하여 생생하게 엿볼 수 있다. 청소년이 행복한 교회를 만들기 위해, 미래를 준비하는 교사를 위해 살아온 사역의 일기장을 들춰보는 것만 같다. 다음세대와 그들과 함께하는 모든 이들에게 이 책이 좋은 길라잡이가 될 것이다.

문재진 목사_미래교회연구소 대표

박현동 목사의 『생각하는 교사 생각하는 교회학교』는 다음세대 사역의 현장에서 오래도록 앞에서 묵묵히 걸어가는 선배 목사가 다음세대 후배 사역자들을 위해 정리한 좋은 길잡이가 되는 책이다. 책상이 아닌 교회학교 현장에서 만들어진 내용들이 생생하게 담겨 있다. 이 책으로 인해 더 많은 한국 교회가 교회학교에 관심과 사랑을 가질 수 있기를 소망한다.

임우현 목사_징검다리 선교회, 번개탄 TV 대표

들어가며

어려운 시기임에도 불구하고 한국교회 교회학교 현장을 오늘도 묵묵히 지키고 계신 교사들에게 감사를 드리고 싶다. 아무런 지원도, 아무런 보상도 생각하지 않고, 교육 환경도 녹록지 않은 교회학교 현장에서 뭐라도 해야 한다는 생각과 다음세대를 위한 교육만은 포기할 수 없다는 열정으로 지금도 상가교회 계단에서 작은 예배당 장의자 위에서 제자들을 향해 구슬땀을 흘리며 말씀을 가르치는 교사들을 생각하며 한국교회의 미래를 바라본다. 이 책은 부족하지만 그 분들을 생각하며 청소년 사역 30년의 경험과 생각을 나눈다는 마음으로 정리하였다.

첫 책을 내는 마음이 참 무겁다. 많이 부족하기에, 쉽게 말할 부분이 아니기에, 쉽게 책을 낼 수 없다는 생각에 주저하고 또 주저했다. 이 책은 그동안 이곳저곳에 기고했던 글들을 모아서 그 동안의 생각을 정리하는 의미에서 집필하였다.

책 내용은 1부 다음세대와 교사, 2부 다음세대와 프로그램, 3부 다음
세대와 한국교회, 4부 다음세대와 다음세대 이해하기로 총 4부로 구성되었
다. 1부에서는 교회학교 교사들을 생각하며 기술하였다. 준비된 교사가 아
름답다. 주님은 준비된 교회교사들이 준비된 만큼 사용하신다는 확신이 있
다. 교회학교 교사의 역량이 다음세대들의 신앙 훈련의 역량이 된다는 생각
이다. 2부는 청소년 부서 중심으로 프로그램을 기획할 때 적용할 수 있는 기
본적인 원칙들을 소개한다. 청소년들이 교회학교 안에서 함께 토론하고 생
각을 나누고 다양한 방식으로 학습하고 경험해야한다. 유익한 프로그램을
다양하게 기획하여 청소년들에게 다양한 경험을 주는 다음세대 교육 현장
을 만들어가기를 소망한다. 3부는 한국교회의 다음세대를 위한 생각을 제

시했다. 속도보다는 방향이라는 생각을 해본다. 한국교회가 더 이상 다음세대 사역을 선언적으로 하는 것을 반대한다. 단순한 교단과 교회의 표어에서 나와 현장사역 중심으로 변해야 한다. 이를 실현시킬 사역 방법론이 개발되어야 한다. 그리고 담임목회자들의 마인드가 변해야 한다. 이젠 내교회, 네교회가 아닌 우리교회라는 생각으로 생활권 단위로 사역의 연대가 이루어져야 한다. 마지막 4부에서는 다음세대를 이해할 수 있는 방법을 제시해보았다. 지피지기(知彼知己)라는 말처럼 다음세대 사역자와 교사들은 대상에 대한 전문성이 있어야 한다. 다음세대와 청소년들 그들을 있는 그대로 알아야한다. '청소년, 너희들은 어떤 아이들이니?' 라고 묻고 또 묻고 물어야 답을 찾을 수 있다.

다음세대를 더 이상 다음세대로 명명하지 말자는 이야기가 있다. 왜냐하면 다음세대, 다음세대 말하니까 한국교회가 다음세대 사역을 다음에 해도 되는 것으로 생각해 다음으로 미루는 것 같다는 웃지 못 할 상황 때문이다. 맞다. 다음세대 사역은 '다음'에 해도 되는 것이 아니다. 당장 '지금' 해야 한다. 아니, 지금 해도 늦었다. 이미 했어야 했다. 그러나 늦었다고 생각할 때가 가장 빠른 시간임을 알기에 지금 당장 다음세대를 위한 준비는 시작되어야 한다.

마지막으로 한국교회 다음세대 사역현장이 더 이상 '맨땅에 헤딩'하는 식의 사역이 아닌 기본적인 사역 생태계가 마련될 수 있기를 소망해본다. 그러기 위해서는 교회와 선교단체를 통해 오늘도 최선을 다하고 있는 다음세대 사역자들을 위한 격려와 후원을 아끼지 말아야 할 것이다. 주님이 한국교회에 허락하실 다음세대 사역에 영적 파도가 다시 일어날 때를 위하여 말이다.

2022년 10월 십대지기 박현동

청소년과 함께하는
십대지기 만들기

한국교회의 청소년이 줄어들고 있다. 다음세대가 위축되고 있다. 교회 다음세대 지도자들에게 전문성이 사라지고 있다. 많은 교회학교 교사들이 다음세대를 위한 활동 프로그램에 한계를 느끼고 있다. 교회가 다음세대와 청소년 사역에 별 관심이 없는 것인가? 아니다. 관심은 많으나 실행이 부족하다. 한마디로 우리네 한국교회 다음세대가 위기를 맞고 있다는 것이다. 더욱이 문제가 되는 것은 다음세대를 위해 사역하는 많은 교회학교 교사들도 이 위기를 느끼고 있지만 마땅히 이를 해결할만한 대안이 없다는 것이다.

어느 목사님은 청소년이 교회를 떠나는 이유를 다음의 다섯 가지로 이야기한다. 고정관념에 대한 전통주의, 낙후된 교육환경, 교회학교 교사의 비전문성, 교회의 다음세대 사역의 방치, 그리고 청소년 문화에 대한 편견이다. 그렇다면 반대로 이러한 환경이라 할지라도 한국교회에 청소년들이 모여들게 하려면 우리는 무엇을 해야 할까?

첫째는 교회 지도자의 의식 갱신이다. "다음세대와 청소년부를 지도하는 자리는 어렵고 힘들다."라고 여기는 부정적인 사고가 교회 지도자들 가운데 팽배하다. 다음세대와 청소년부 사역은 많은 교회 지도자들이 기피하는 부서로 자리 잡고 있다. 청소년을 바르게 세우기 위해서는 먼저 지도자가 의식적으로 건강하게 세움을 받아야 한다. 건강한 청소년은 건강한 지도자로부터 시작됨을 기억하자. 교회학교 현장에는 최고의 지도자가 최선을 다해 섬길 수 있는 환경을 만들어가야 한다. 또한 많은 지도자들이 다음세대 사역을 단순히 성인 목회로 나아가기 위한 과정 정도로 여기는 잘못된 의식도 있다. 올바른 다음세대 사역을 위해서는 청소년을 목회 대상으로 여기고, 더 나아가 청소년이 스스로를 지도할 수 있는 긍정적인 대상임을 확인하며 의식적으로 사고적 전환을 할 수 있어야 한다.

둘째는 환경바꾸기다. 많은 이들에게 한국교회가 다음세대와 청소년들을 우선으로 여긴다는 인식을 심어 주고 싶다. 교회에 가봤더니, 예배를 드려봤더니, 교회에서 무엇 무엇을 해봤더니 "다음세대와 청소년이 우대받는 것 같다."라는 피드백을 듣고 싶다. '다음세대와 청소년이 먼저'라고 생각하는 사고적 전환은 다음세대와 청소년들이 다시 교회로 찾아오게 할 수 있는 촉매가 될 것이다. 현재 교회학교의 다음세대와 청소년들을 위한 교육적, 환경적 생태계가 더욱 풍성해져야 한다.

셋째는 지도자의 전문성이다. 교육은 아무나 하는 것이 아니다. 준비된 사람, 자신만의 노하우를 가지고 있는 사람, 대상을 충분히 이해할 줄 아는 사람이 해야 한다. 교회학교 현장은 그런 전문성이 있는 지도자와 교사를 필요로 한다. 다음세대와 청소년을 연구하고 각 분야별 훈련을 통해 팀 사역을 능숙하게 진행하는, 그래서 일당백이라는 말을 듣는 전문화된 지도자들이 섬기는 가장 멋진 부서가 다음세대와 청소년부가 되어야 한다.

마지막으로 다음세대와 청소년들을 위한 과감한 투자다. 다음세대와 청소년 사역을 위해서는 과감한 투자가 우선되어야 한다. 더 이상 말과 선언적 구호만이 아닌 행동으로 실천할 수 있는 한국교회가 되어야 한다. 한국교회의 근본적인 체질개선과 다음세대 생태계 조성을 통해 더욱 멋진 다음세대와 청소년 사역을 기대할 수 있을 것이다.

웨스트민스터 대성당 지하 묘지에 있는 한 영국 성공회 주교의 무덤 앞에는 다음과 같은 글이 적혀 있다. 잭 캔필드와 마크 빅터 한센이 엮은 책 『영혼을 위한 닭고기수프 1』에 실려 있는 글을 인용한다. "내가 젊고 자유로워서 상상력에 한계가 없을 때, 나는 세상을 변화 시키겠다는 꿈을 가졌었다. 좀 더 나이가 들고 지혜를 얻었을 때 나는 세상이 변하지 않으리라는 걸 알았다. 그래서 내 시야를 약간 좁혀 내가 살고 있는 나라를 변화 시키겠다고 결심했다. 그러나 그것 역시 불가능한 일이었다. 황혼의 나이가 되었을 때 나는 마지막 시도로, 나와 가장 가까운 내 가족을 변화 시키겠다고 마음을 정했다. 그러나 아무도 달라지지 않았다. 이제 죽음을 맞이하기 위해 누운 자리에서 나는 문득 깨닫는다. 만일 내가 내 자신을 먼저 변화 시켰더라면, 그것을 보고 내 가족이 변화되었을 것을. 또한 그것에 용기를 얻어 내 나라를 더 좋은 곳으로 바꿀 수 있었을 것을, 그리고 누가 아는가, 세상까지도 변화되었을지!"

내가 먼저 변해야 내 주위 사람이 변하고, 점점 확장해서 세계의 변화까지도 꿈꿀 수 있다. 다음세대와 청소년 사역이 변화하기 위해서는 먼저 다음세대와 청소년을 사랑하는 지도자들이 스스로 자신을 변화시켜야 한다. 지도자들이 다음의 네 가지 변화를 실천할 때, 전국 교회에 '십대지기 만들기'가 진행될 수 있다. '십대지기'는 단순히 건물이나 프로그램을 의미하는 것이 아니다. 진정한 십대지기는 하나님의 사람이며, 훈련된 다음세대 전문가며, 하나님께 헌신한 자들이다. 이 땅의 '다음세대와 청소년에 가슴에 그리스도의 비전을 전하는 것'에 삶의 목적을 두고, 내일의 주인공이 아닌 '오늘의 주인공'인 다음세대와 청소년들을 위하여 최선을 다하는 사역 전문가를 의미한다. 그러므로 이 땅에 '십대지기 만들기'는 곧 한국교회 다음세대와 청소년 사역의 본질적인 변화를 의미한다. 지면을 통해 여러분을 십대지기로 초대하고 싶다. 청소년의 가슴에 그리스도의 비전을……

1부
다음세대와 교사

교회학교 세우기는
교사 세우기부터

교회학교에서 가장 중요한 위치는 교사다. "준비된 교사가 아름답다."라는 말처럼 교사가 준비되면 아이들은 신나고 즐겁게 교회학교 생활을 할 수 있다. 아이들은 교사가 좋으면 기어코 교회에 오려고 한다. 교사와 함께하는 시간이 의미가 있고 행복하기 때문이다. 교사는 아이들에게 거울과 같다. 교사가 웃으면 아이들도 웃고, 교사가 울면 아이들도 운다. 다시 말하면 교사가 준비된 만큼 교회학교도 아이들이 행복한 곳으로 자리 잡을 수 있다. 아이들이 행복하면 교회학교는 자연스럽게 부흥하게 된다. 그렇다면 어떻게 해야 준비된 교사가 될 수 있을까?

하나님께서는 우리가 준비된 만큼 우리를 사용한다. 그래서 교사는 잘 배워야 한다. 교사가 잘 배우기 위해서는 다음과 같은 네 가지 좋은 자세가 필요하다.

첫째, 어린아이와 같은 마음이 있어야 한다. 다시 말해 눈높이 전략이다. 잘 배우기 위해서는 어린아이 같이 단순하고 겸손하며 개방된 마음가짐이 있어야 한다. 어린아이는 자기가 모르는 것에 대하여는 부끄러움 없이 열심히 묻고 또 묻는 것을 볼 수 있다. 배우는 일에 엄청난 노력을 기울이며 연습을 거듭하는 것이다. 게다가 다른 이들이 자기에게 가르치는 것을 자기 고집 없이 그대로 배운다. 그러나 교사인 나는 지금 어떤 모습을 하고 있는가? 혹시 모든 것을 다 안다고 생각하며 자신을 속이고 있는 것은 아닌지 스스로 돌아보는 자세가 필요하다.

"베뢰아 사람들은 데살로니가에 있는 사람보다 더 신사적이어서 간절한 마음으로 말씀을 받고 이것이 그러한가 하여 날마다 성경을 상고하므로"(사도행전 17:11).

둘째, 착하고 충성된 마음이 있어야 한다. 때때로 우리는 우리 생각이 하나님의 생각보다, 또는 영적 지도자의 생각보다 우월하다고 여길 때가 있다. 하나님은 하나님의 것을 그대로 믿고 순종하려고 하는 마음과 탁월한 태도를 가진 사람을 사용하신다. 그런 사람에게 하나님은 인간의 어떤 지혜보다도 우월한 지혜를 주신다. 성경에서 말씀하고 있는 충성은 많은 일을 하는 것을 의미하기도 한다. 하지만 보다 중요한 건 내가 섬기고 있는 교회학교 바로 그곳에 있는 것 즉, 교사로의 부르심에 응답하고 교사의 자리를 지키려는 자세가 필요하다.

셋째, 매일 마음을 새롭게 해야 한다. 우리는 매일 깨끗하게 되어야 한다. 교만한 마음, 시기심, 여러 가지 유혹, 게으름, 세상적인 욕심 등 이런 것들이 자기도 모르는 사이에 마음속에 차있는 것을 보게 된다. 심리학자인 칼 로저스는 '성장하려는 계속적인 마음이 있는 사람'을 '건강한 사람'이라 말한다. 날마다 스스로를 채찍질하여 매일 마음을 새롭게 하는 것은 매우 중요한 사명이다.

넷째, 전폭적인 헌신이 필요하다. 전폭적인 헌신이 외적으로 나타나는 모습은 '열심'이다. 헌신된 사람은 열심을 다해 움직인다. 헌신된 교사가 자신에게 맡겨진 주어진 사명에 열심을 다할 때 그 사람의 열심으로 인해 교회도, 교회학교도, 교회학교 아이들도 변할 수 있다는 사실을 기억하자. 사람의 추한 모습은 코나 입이 비뚤어진 데 있는 것이 아니라 자기가 하고 있는 일에 헌신되지 않는 데에 있다. 헌신이 외적으로 나타나는 모습이 열심이라면, 내적으로는 멍에를 메는 태도로 형성된다. 내적 멍에란 매일 골방에서 무릎으로 나아가는 것과 하루하루 말씀을 읽고 묵묵히 삶속에서 살아내는 삶이 아닐까? 주님께서는 "나의 멍에를 메고 내게 배우라"(마태복음 11:29)라고 말씀하셨다.

그리고 또 다른 각도에서 살펴본다면 기본적으로 준비된 교사인 좋은 교사가 일상생활에서 가지고 있어야 할 것이 세 가지가 있다. 먼저, '미음(美音)'이다. 사람의 귀와 마음을 사로잡으려면 당연히 좋은 소리가 되어야 한다. 억양이 무리가 없고 음색이 맑으며 생기가 있으면 좋다. 특별히 아이들이 듣기 편한 목소리는 더욱 좋다. 두 번째는 '미소(微笑)'다. 웃는 얼굴은 상대방에게 자유함과 기쁨을 선사한다. 이야기를 나눌 때만 아니라 아이들을 가르칠 때도 웃는 얼굴로 가르쳐라. 아이들을 향해 교사가 기뻐하고 무엇인가를 나누고 싶다는 표현이기 때문이다. 잔잔한 미소는 겸손과 사랑을 담는다. 세 번째는 집중하는 시선(視線)이다. 상대방의 눈을 마주보고 말할 때 진실함과 진지함을 전달할 수 있다. 내가 전하는 내용이 생명을 살리는 일이고, 아이들에게 많은 유익이 된다면 시선과 시선이 마주할 때 더 많은 것을 나눌 수 있게 된다. 그런데 이러한 시선 집중은 어디에서 올까? 준비가 철저하고 잘 가르치려는 교사의 마음에서 비롯된다.

늘 겸손히 배우고 잘 가르치기 위해서 최선으로 준비한 교사는 진솔한 시선을 통해 하나님의 사랑과 뜻을 전하게 된다.

본격적인 다음세대 사역은 다음세대와 청소년을 쓰러져가는 교회학교를 다시 세우는 주역으로 자라나게 한다. 더 나아가 이들을 준비된 교회학교 교사로 삼는 것도 가능하게 한다. 교회학교의 진정한 부흥을 원한다면 준비된 교사를 바로 세우는 일부터 시작하길 소망해본다.

부모 같은 교사,
친구 같은 교사

일명 노는 아이들의 가장 큰 특징은 '욱'하는 것이다. 사소한 것일지라도 자신의 생각과 맞지 않다고 생각하면 그 대상이 친구든지 교사든지 상관없이 모든 상대를 자신의 적으로 생각하는 경향이 있다. 그러다가도 흥분한 상태가 진정되면 언제 그랬냐는 듯이 변한다. 아마도 그 아이들에게 그들 자신이 욱하는 모습을 현장을 촬영해 보여주지 않는다면, 그 아이들 중 누구도 기억하지 못할 것이라고 믿고 싶을 정도로 다시 평화가 찾아온다. 과연 이들의 모습 속에는 아니 이 땅의 청소년들 마음속에는 어떤 모습이 있기에 이다지도 광풍이 스쳐 지나갈 정도로 변화가 찾아오고 힘들어할까?

정확한 답은 아닐 수 있지만, 30여 년 동안 위기청소년 전문사역 경험을 토대로 살펴본다면 이러한 청소년들의 변화는 그들이 제때 받아야 할 사랑을 받지 못할 때 일어나는 아픔에서 비롯되었다고 결론짓고 싶다. 그렇다면 이들을 가르치는 다음세대 사역자들의 자세 또한 현장에서 접근할 수 있는 방법이 필요하다. 몇 가지를 제안해본다.

'사랑 결핍 현상'에 대해 알고 있는가? 사람은 어느 때든, 누구에게든지 사랑을 받아야만 살아갈 수 있는 존재다. 만약 사랑을 받지 못한 채 성장한다면 반드시 그 사람은 '사랑 고픔증'에 걸린다. 사랑 고픔증의 증상은, 현실을 현실로 받아들이지 못하고 오해와 왜곡, 억측과 비판 그리고 심한 열등감을 방어기제로 사용한다는 것이다.

그렇다면 신생아부터 아동기의 시기에는 누구에게 받는 사랑이 가장 중요할까? 맞다. 바로, 부모의 사랑이다. 이 세상에 그 어느 누구의 관심보다 아이에게 가장 큰 영향력을 행사하는 건 부모의 관심어린 말 한마디이다. 만약 부모가 옆에 있지 않다면 아이는 세상을 잃어버린 것처럼 울고불고 난리가 난다. 그러나 부모가 나타나기만 하면 언제 그렇게 울었는지 모를 정도로 울음을 뚝 그치고 해맑게 웃는 얼굴을 보게 된다. 아동기 때의 아이들에게 세상에서 가장 의미적인 존재는 부모이다. 부모 이상 더 의미적인 존재는 세상에 존재하지 않는다.

두 번째 의미적인 존재는 누가 될까? 부모 다음으로 아이가 경험하게 되는 의미적인 존재는 바로 친구다. 부모의 사랑을 잘 받은 아이는 친구를 사귈 때 힘이 있다. 친구에게는 집착하지도 않고 무시하지도 않는다. 사람과 사람의 만남은 하나님이 주신 아름다운 교제를 나눌 수 있는 대상이다. 그러나 이전 시기인 아동기 때 부모로부터 사랑에 대한 학습이 부족한 아이들에게서는 친구의 사랑을 차지하기 위하여 집착하는 현상이 나타난다.

집착은 사실을 왜곡시키는 힘을 갖고 있다. 현실을 현실로 분석하지 못하게 하며, 잘못된 사고와 행동의 원천이 된다. 좋은 부모님을 잘 만난 아이들은 좋은 친구들을 만날 수 있는 확률이 높다. 그러나 부모로부터 외면당하거나 버림받은 경험을 가진 아이들은 좋은 친구를 만남으로써 깨어진 자아가 다시 회복될 수 있는 기회를 얻게 된다는 사실을 기억하라. 그래서 친구 잘 만나야 한다는 말이 맞다. 좋은 친구는 인생에 두 번째로 중요한 의미적 존재가 된다.

세 번째로 중요한 의미적 존재는 변하지 않는 이성 즉, 배우자다. 배우자는 자신이 선택하는 것 같지만 배우자와의 친밀한 관계는 하나님의 계획안에서 이루어진다. 다시 말해 배우자는 서로를 위해 자신의 모든 것을 다해 사랑하는 관계이다. 그렇기에 서로의 장점뿐만 아니라 단점까지도 모두 품을 수 있는 힘을 가진다. 그래서 배우자는 회복과 치유가 일어나는 관계다. 그만큼 쉽게 상처를 받게 하는 관계이기도 하다. 그러나 하나님의 계획하심은 참된 만남을 통한 회복과 치유가 목적이라고 생각한다. 그러기에 아동기와 청소년기 때 받았던 상처까지도 회복시키는 또 다른 사랑의 힘의 원천이 된다.

그리고 마지막으로 네 번째 의미적 존재는 자녀다. 인생 주기 상 의미적 존재의 마지막 단계는 자녀다. 이 단계에서는 자신의 성공이나 성장보다 자녀의 성장이 더 기쁘고 행복함을 느끼게 한다. 즉 모든 관심이 자신과 배우자에서 자녀로 이동하게 되는 시기이다. 그러나 중요한 것은 이 단계에 사랑과 관심의 대상인 자녀들은 부모에게서 친구로 그 의미적 존재가 이동

했다는 사실을 부모는 조금 늦게 알아차린다.

사랑은 생애주기 속에서 누구나 받아야 하는 것이지만 이 사랑을 받지 못하는 사람은 '사랑결핍증' 증상이 나타날 것이다. 그래서 그런지 요즘 우리 아이들이 많이 아파하는 것 같다. 학교에서도 가정에서도 포기 아닌 포기를 해야 할 정도로 심각하다.

그렇다면 우리 교회학교 지도자들은 어떻게 이들을 상대하여야 할까. 방법은 간단하다. 첫째는 부모같이 사랑하는 마음이 필요하다. 여기서 말하는 부모 같은 사랑으로 가르치기는 단순하게 아이와 라포를 형성하는 공감과 신뢰 및 수용이라는 상담기법을 말하는 것이 아니다. 예수님께서 부모에게 주신 무조건적인 사랑과 관심을 의미한다. 말 안 듣는 친구들, 욕하는 친구들, 성질부리는 친구들처럼 각양각색으로 자신을 물리적으로 표현해야 하는 친구들을 부모의 마음으로 이해하고, 용서하고, 받아들인다면 그 마음이 우리 아이들을 변하게 한다. 그러나 교사들에게 부모 같은 희생적이고 헌신적인 마음을 요구하기에는 불편하고 어렵다. 그러나 반드시 해야 한다. 무조건적인 사랑으로 부모같이 아이들을 대한다면, 우리 아이들이 변하기 때문이다.

둘째는 친구 같은 마음으로 접근해야 한다는 것이다. 친구는 부모와는 사뭇 다르다. 부모와 아이는 수직적이며 무조건적인 사랑을 주고받는 관계라면, 친구는 수평적으로 대등하고 누군가의 전적인 희생보다는 서로 간의 협의가 가능한 존재다. 삐딱선을 타고 있는 교회학교 아이들에게 건강한 마음을 갖도록 돕는 좋은 방법은 건강한 친구를 경험할 수 있는 기회를 제공하라는 것이다. 또래 친구는 교회학교 아이들에게 생각보다 많은 영향을 끼친다. 그 시기의 아이들은 친구와의 의리와 우정을 지키는 것을 무엇보다도 중요하게 생각하기 때문이다. 그만큼 친구가 중요하다는 뜻이다. 하물며 예수님도 우리에게 '친구'라고 말씀하시지 않았는가. 십대가 십대에게 복음을 전하고, 놀이와 활동을 같이하는 모습이 떠올랐는가? 역시 아이들에게는 친구가 좋다.

마지막으로 세 번째는 배우자같이 접근하라는 것이다. 교사가 교회학교 아이들에게 배우자같이 접근하라니 '이건 말도 안 된다'고 생각할 수도 있다. 교회 지도자에게 적용하는 언어로 바꾸어 설명해보자면 '전문성'으로 말할 수 있다. 배우자와의 만남은 서로가 성숙함으로 만나야 하는 만남이다. 다시 말해 세 번째 단계에서의 교사의 접근 방법은 성숙함, 즉 전문성이 있는 지식과 경험으로 다가가야 한다. 교회학교 아이들과 부모 같은, 친구 같은 관계가 형성되면 이제는 그들의 문제를 해결해 줄 수 있는 전문성이 필요한 단계다. 전문가란 아무나가 아닌 준비된 사람이어야 한다. 교회학교 교사 및 지도자는 첫째, 대상에 대한 전문성을 가져야 한다. 둘째, 기술이 있어야 한다. 셋째, 공동체를 세울 수 있는 능력이 있어야 한다.

교회학교 부흥은
교사의 전문성을 통해 이끌 수 있다

어린아이가 건강하게 자라기 위해서는 아이 어머니의 건강도 중요하다. 어머니가 건강하면, 자연스럽게 그녀의 아이도 건강하다는 사실은 어느 누구라도 다 알고 있는 진리이다. 그와 같이 교회학교가 병들고 큰 몸살을 앓고 있다면 그것은 아이를 돌보는 어머니 역할을 하는 교사가 병들고 앓고 있는 것은 아닐지 탐색할 필요가 있다.

오늘날 교회마다 주일학교가 위기에 놓여있다는 말과 함께 한국교회의 미래에 대한 염려가 문제시되고 있다. 교회학교의 위기는 비단 어제 오늘의 문제는 아니지만, 최근 교회학교 학생 수가 더욱 급감하고 있다는 사실은 우려를 넘어 현실로 나타나고 있다. 교회교육 전문가들은 교회학교 침체의 문제에는 복합적인 원인이 있지만 그 중에서도 교사수급과 교사교육

등이 체계적으로 이루어지지 않는 것을 가장 큰 문제점으로 지적하고 있다.

현재 한국교회 교회학교의 위기는 우선 교사를 선발하는 과정에서부터 그 원인을 찾을 수 있다. 교사로 지원하는 교인이 부족해 교사수급에 급급하다 보니 사명감과 자질을 갖춘 사람보다 지원하는 모든 사람을 교사로 세워도 부족한 인력난을 해결할 수 없다는 것이 문제다. 실제로 대부분의 교사들이 교사의 자질을 검증 받는 시험이나 심층면접 없이 교회학교 교사로 임명받고 있는 것으로 나타났다. 전국주일학교연합회의 한 관계자는 "요즘에는 사명감을 갖고 있는 교사들을 찾기 힘들다."라면서 "무엇보다 근본적인 문제는 성도들이 교사로 지원하지 않는 것."이라고 말하고 있다. 이처럼 대부분 교회는 교사확보에 큰 어려움을 겪고 있다. 그래서 자질검증이나 철저한 사전교육 없이 교사의 수를 채우기 위해 막무가내로 교사를 선발하고 교사교육도 소홀히 하고 있어 교사의 자질이 점점 떨어지는 악순환이 반복적으로 나타나고 있다. 그러다 보니 준비되지 못한 교사들로 인하여 열정을 쏟는 교사가 점차 줄어들고 학생들을 사랑과 관심으로 양육하지 못하는 상황이 비일비재하다.

교회학교 부흥과 성장을 위해서 준비된 교사, 전문가다운 교사 양성을 위한 교육, 사명감을 갖게 하는 교사훈련 등 적절한 교육제도가 마련되어야 한다. 그러나 현실은 개교회에서 교사교육을 실시하는 일이 쉽지 않다는 것이다. 무엇보다도 교사들을 불러 모아 교육을 시행하는 것이 상당히 어렵다. 교사들 역시 준비된 교사의 중요성과 교사 교육의 필요성도 느끼고는 있지만 공동의 이익을 위해 개인의 시간을 내는 것이 쉽지 않기 때문이다.

개교회의 실정에 맞는 방법을 잘 채택한다면 교사 교육이 그리 어려운 일만은 아니다. 모이는 것이 가장 큰 문제가 된다면 인터넷을 활용한 교육도 좋은 방법이 될 수 있다. 실제로 부평에 있는 한 교회에서는 인터넷을 활용해 교사교육을 실시하고 있다. 코로나19 바이러스로 인해 모이는 것이 어려워질 때 영상교육은 큰 힘을 발휘했다. 한국교회 역시 영상교육을 채택하여 멈추어있던 예배를 회복시켰다. 이미 한국교회가 영상교육을 더 이상 힘들어 하지 않는다는 것은 사실이다.

그렇다면 교회학교 교사가 되기 위한 전문 과정을 개설하면 어떻겠는가. 천안에 있는 어느 교회 부장집사는 "교회학교 교사를 위한 필수교육과정을 만드는 것이 필요하다."라고 주장한다. 전문가들 역시 교사들이 직접 참여하는 현장수업의 필요성을 강조하고 있다. 각 분기마다 주제설정을 통해 노회나 지방회별로 교사교육을 실시하고 교회학교 성공사례 간증을 통해 교사의 열정을 고취시키는 것도 개교회에서 접목할 수 있는 방법이다. 이러한 연구가 체계적으로 진행되어야 하며, 전문교사로 성장시키기 위해 교회학교 전문교사과정을 개설하여 전문가를 양성하고, 약간에 보수를 지급하는 전문교사제도나 교회학교 전문 간사제도를 도입해 다음세대들에게 양질의 교육을 제공해야 한다.

교육은 '백년지대계(百年之大計)'라는 말이 있다. 교육이 국가와 사회에 이바지할 귀한 인재를 기르는 일이기에 백년을 내다보며 교육을 해야 한다는 의미다. 교회학교는 하나님 나라에 이바지할 주님의 귀한 일꾼을 기르는 일에 이바지해야 한다. 죽어가는 영혼을 살리는 데에 초점을 맞추어야 한다. 즉, '영혼지대계'를 꿈꾸어야 한다. 매년 5월과 10월은 전국에 산재된 교회들이 교사교육 이나 헌신예배를 가장 많이 실시하는 시기이다. 청소년의 달이자 교육의 달이기 때문이다. 연간 행사 중 하나로 교육과정을 치르기보다는 영혼지대계를 위한 교육으로 교사교육이 자리매김할 수 있도록 최선의 노력과 최고의 교육과정을 세워보는 것은 어떨까?

영혼지대계를 실천하기 위해서는 무엇이 필요할까? 교단별로 총회 차원에서 교사교육을 위한 지원이 이루어져야 할 것이다. 교사들이 교육 현장에서 활용할 수 있는 교육자료를 개발·보급하거나 강습회, 세미나 등의 교육 기회를 다양한 방법으로 제공하는 방안도 있다. 교사교육을 위한 지원이 지속적으로 시행될 수 있도록 제도적인 마련이 필요하다. 이를 통해 각 교단에 다음세대를 위해 체계적인 교육을 이수한 양질의 교사들이 교회학교를 섬길 수 있도록 하며, 교사양성을 위한 교단의 노력이 하루 빨리 실현될 수 있도록 기도한다.

여름을 생각하는
교회학교 지도자들에게

요즘 각 교단별, 노회별로 그리고 선교단체에서도 성경학교 강습회와 수련회 및 캠프강습회가 성황리에 진행되고 있다. 하지만 조금은 아쉬움이 남는다. 10여 년 전 한국교회 교육의 위기론을 말하며 교육개혁과 다음세대를 위한 변화된 교육환경을 말하던 때와 지금의 현황이 별반 다를 바 없기 때문이다. 교육을 말할 때 무엇을 생각하며 어떻게 진행해야 하는지에 대한 깊은 고민은 지금도 계속되는 것 같다. 그렇다면 우리는 교육을 무엇이라고 말해야 하며, 교육한다는 것에 무엇을 기대해야 될까? 필자는 교육이란 자신의 감동과 변화된 삶을 간증할 수 있는 것이라 생각한다.

한 집사님의 아들이 스카우트 캠프에 참여하게 되었다. 비록 참여한 또래 친구들은 적었지만 다양한 체험을 통해 재미있게 배우고 즐기면서 시간을 보냈다고 한다. 자연 속에서 창조주를 발견하고, 다른 사람들과 친해지는 시간을 보내기도 했으며, 여러 가지 주제를 통해 참여한 학생들에게 감동을 주고, 삶을 반성하고 새로운 삶을 계획하고 변화하도록 돕는 내용이 포함되었다. 집사님의 아들은 캠프를 통하여 깊은 감동을 받았다고 한다.

진정한 교육은 집사님의 아들이 경험한 것처럼 감동이 넘치는 교육이어야 한다. 과연 우리 교회학교의 현장에도 이러한 감동이 넘치는 교육이 이루어지고 있는지를 돌아볼 필요가 있다. 감동이 넘치는 교육을 위해서는 새로운 환경과 새로운 프로그램의 필요가 절실하다. 오랜 시간의 연구와 노력이 필요하다고 하더라도, 이 문제를 해결하고 싶다. 그러나 이보다 더 시급하면서도 간단한 해결책은 사람에게 있다고 생각한다. 오늘도 내가 맡고 있는 교회학교 아이들을 바라보면서 다짐해 보면 어떨까? 교육이 사람을 통해서 이루어진다면 교육의 모든 문제는 교사에게서 발생하고, 교사를 통해서 해결되는 것이라는 믿음으로 수련회와 캠프사역을 준비하기를 바란다. 그렇다면 우리 교사들은 어떤 자세를 가져야 할까? 다음의 세 가지 자질을 갖추어야 할 것이다.

먼저, 미션의 사람이 되어야 한다. 시간은 사건의 연속이다. 그리고 인생이란 목적이 있는 사건의 연속이다. 그런데 우리는 바쁜 일들에 둘러싸여 성과 없는 삶을 살아가곤 한다. 그러나 이 사실을 기억하길 바란다. "모든 성공 앞에는 초점이 있다." 그러기에 삶에 대한 비전을 가지면 방향이 생긴다. 교회학교에 대한 초점과 비전이 교사의 힘이 될 것이다. 예수님은 자신에게 주어진 사명을 양식으로 삼았다고 말씀하신다.

"예수께서 이르시되 나의 양식은 나를 보내신 이의 뜻을 행하며
그의 일을 온전히 이루는 이것이니라"(요한복음 4:34)

사도 바울도 이방인의 사도로서 모든 순간을 하나님께 드렸다.

"베드로에게 역사하사 그를 할례자의 사도로 삼으신 이가 또한
내게 역사하사 나를 이방인에게 사도로 삼으셨느니라"
(갈라디아서 2:8)

그렇다면 여름사역을 시작하기에 앞서 우리의 미션을 한번 확인했으
면 한다.

둘째, 인격의 사람이 되어야 한다. 인격이 없는 비전은 사명이 아니라
조작이다. 많은 사람들이 좋은 말은 참 잘 한다. 아마 늘 아이디어를 내듯이
좋은 글을 많이 읽고 생각하기 때문이며 좋은 말을 할 기회가 많아서 그럴
것이다. 그러나 정작 말이 많은 사람은 신뢰하기가 어렵다. 오히려 우리는
의롭고 정직하고 선하여서 사람들에게 신뢰감을 갖게 해야 한다.

"빛의 열매는 모든 착함과 의로움과 진실함에 있느니라"
(에베소서 5:9)

세상을 변화시키려는 사람은 우선 자신을 변화시킬 필요가 있다.

"정직한 자의 성실은 자기를 인도하거니와 사특한 자의 패역은
자기를 망케 하느니라"(잠언 11:3)

잠언 말씀에서 지적하듯이 정직하고 곧은 사람은 크게 성공하지는 못
해도 삶의 방향이 있다. '주님과 교제를 하는가? 직장에서 성실한가? 물질
이 나의 삶에 영향을 행사하지 않았는가? 생각이 건전한가?' 이러한 질문
들에 하나님 앞에서 정직할 각오가 되어 있다면 인격이 형성되고 있다고
말할 수 있다.

셋째, 목숨을 줄 수 있을 만큼 집중하는 사람이 되어야 한다. 만일 누구
를 위해서 죽을 수 있는 일이 아무 것도 없다면, 살아야 할 가치가 있는 일
도 없는 것이다. 교회학교 계절프로그램을 기획할 때 지도자, 교사들의 마
음은 산파가 아이를 맞이하듯이 새로운 생명을 기대하는 마음이 있어야 한
다. 위대한 신앙의 선배들 중에 휫필드라는 사람이 있다. 그는 일주일에 40
시간, 60시간씩 설교와 전도를 하는 열심 있는 사역자였다. 그래서 주변의
사람들이 늘 그에게 이렇게 권면했다. "건강을 유의하셔야지요." 그때 휫필
드는 이렇게 말했다고 한다. "나는 녹슬어 없어지기보다는 닳아서 없어지
고 싶습니다." 교회학교 사역이 목숨을 줄 수 있을 만큼의 더욱 멋진 사역이
될 수 있길 기대해 본다.

변화가 있는 교육과
교사의 자세

무더운 여름, 다음세대를 생각하면 시원함이 밀려온다. 다음세대 안에는 이 민족을 향한 비전과 꿈이 있기 때문이다. 한국교회의 다음세대들은 오늘도 무더위와 싸우며 성경학교와 수련회로 귀중한 땀방울을 흘리며 신앙훈련을 받고 있다. 그래서 한국교회의 다음세대는 아직도 소망과 비전을 갖고 있다고 말할 수 있다. 더 큰 비전을 세우기 위해 다음세대의 주체인 아동과 청소년들의 변화에 대해 이야기하고 싶다.

청소년은 변화한다. 아니 정확하게 말하면 성장한다. 이러한 성장은 세 가지 방향으로 구분할 수 있다. 먼저 어제와 오늘이 동일하다. 우리는 이것을 '정체'라고 말하며 사람들에게 '권태'를 가져다준다. 그리고 어제보다 오늘이 더 나빠진다. 이것은 '퇴보' 또는 '퇴행'을 의미한다. 이로 인해 사람은 좌절을 경험한다. 그런데 어제보다 오늘이 더 나아진 상황이 있다. 우리는 이것을 가리켜 '발전' 또는 '성장'했다고 말한다. 그리고 자신이 성장하는 것보다 더 좋은 것이 있다. 바로 자신의 능력으로 다른 사람을 변화시키는 것이다. 우리 교회학교의 교사들은 어떠한가? 나로부터 변화하는 누군가를 생각하면 가슴이 뛰지 않는가! 교육은 바로 대상자의 변화를 목적으로 해야 한다.

어느 사회학과 교수가 자신의 강의를 듣는 학생들에게 과제를 주었다. 그것은 볼티모어의 유명한 빈민가로 가서 그곳에 사는 청소년 200명의 생활환경을 조사하는 일이었다. 조사를 마친 뒤 학생들은 그 청소년들 각자의 미래에 대한 평가서를 써냈다. 평가서의 내용은 모두 동일했다. "이 아이에겐 전혀 미래가 없다. 아무런 기회도 주어지지 않았기 때문이다."라는 한결같은 내용의 보고였다.

그로부터 25년이 지난 뒤, 또 다른 사회학과 교수가 우연히 이 연구조사를 접하게 되었다. 그래서 그는 학생들에게 그 200명의 청소년들이 25년이 지난 지금은 어떤 삶을 살고 있는지 추적 조사하라는 과제를 제시했다. 학생들의 조사 결과 놀라운 사실이 밝혀졌다. 사망을 하거나 다른 지역으로 이사 간 20명을 제외하고 나머지 180명 중에서 176명이 대단히 성공적인 인생을 살아가고 있었던 것이다! 그들의 직업도 변호사와 의사, 사업가 등 사회에서의 상류층이 많았다.

교수는 매우 놀라서 그 조사를 더 진행해보기로 했다. 다행히 그들 모두가 그 지역에 살고 있었고, 교수는 그들을 한 사람씩 만나 직접 물어볼 수 있었다. "당신이 성공할 수 있었던 가장 큰 이유는 무엇입니까?" 대답은 모두 한결같았다. "선생님 한 분이 계셨지요." 다행히도 그 여교사가 아직도 살아있다는 얘기를 듣게 되었다. 교수는 수소문 끝에 그녀를 찾아가서 물었다. "도대체 어떤 기적적인 교육 방법으로 빈민가의 청소년들을 이처럼 성공적인 인생으로 이끌었습니까?" 늙었지만 아직도 빛나는 눈을 간직한 그녀는 작은 미소를 지었다. 그러고는 이렇게 말하는 것이었다. "그것은 정말 간단한 일이었지요. 난 그 아이들을 사랑했답니다."

이 예화를 통해 우리는 교사 한 명의 사랑이 빈민가 아이들의 삶에 끼칠 수 있는 놀라운 영향력을 보았다. 아무런 기회도 없고, 희망적인 미래도 발견할 수 없는 상황에서 단 한 사람의 사랑이 180여 명의 아이들의 미래를 변화시킨 것이다. 그렇다면 어떤 교사가 좋은 교사일까?

교사에는 세 가지 유형이 존재한다. 첫 번째는 자신의 역할만 잘하는 교사이다. 이는 마치 우편배달부가 자신이 전하는 우편물의 내용에는 관심 없고 정확하게 우편물이 전달되었는지에만 관심을 갖는 것과 같다. 우편물의 내용을 보고 수취인이 울든지 웃든지 관심 없다. 심지어 수취인이 우편물로 인해 죽게 되더라도 그것이 우편배달부의 책임은 아니다. 이러한 교사는 학생에게 공과를 가르치는 일이 제일 중요하다고 생각하면서 교사의 다른 역할에는 도통 관심이 없다. 자신이 이해한 것을 자기가 좋아하는 방법으로 일방적으로 전달만 할 뿐 그 결과에 대해서는 관심도 가지지 않고, 아무런 책임도 지려고 하지 않는다.

즉, 교사는 매주 아이들을 만나는 분반 공부 현장과 특별활동 시간, 계절 프로그램 등 모든 순간마다 영적 전쟁을 치를 준비가 되어야 한다.

두 번째는 설득하여 이해를 시키는 교사이다. 그는 자신이 이해한 바를 잘 정리하여 학생에게 전달한다. 이러한 교사는 그 학생의 머리에 호소하여 이해는 시키나 그 후에 감동은 없다. 실제로 새로운 것을 깨닫는 것은 큰 기쁨이다. 따라서 학생은 가르치는 교사를 좋아하며 배우는 일을 즐거워한다. 배우기를 원하는 학생을 만나는 교사는 행복하다. 이따금 여러 교회를 돌면서 교사교육을 할 때면 열심히 듣고 고개를 끄덕이며 동조해 주는 이들을 보게 된다. 그 때의 묘한 감동을 잊지 못해 나는 이 사역을 지금까지 계속할 수 있는지도 모른다. 그러나 지식적인 전달만으로는 가르침에 한계가 드러날 수 있다.

세 번째는 감동과 영감을 주는 교사이다. 이런 교사가 추구하는 교육은 지적인 이해와 함께 마음에 충격을 주는 교육이다. 이러한 감동은 지식을 더욱 풍요롭게 하며 실천의 동기를 충동시킨다. 때로는 웃음으로, 그리고 때로는 숙연한 표정으로 자신의 감동을 전하는 교사들을 볼 때면 교사가 정말 귀한 자리라는 것을 절감한다. 설교자는 청중을 두 번 웃기고 두 번 울리면 성공한 것이라고 하는데 우리 교사들의 교육 현장에서도 이러한 모습들이 자주 목격되어야 할 것이다.

마더 테레사 수녀는 이렇게 말했다. "당신이 가는 곳마다 사랑을 전파하세요. 먼저 당신 자신의 집에서 그 일을 실천하세요. 당신의 자녀를, 아내와 남편을 사랑하세요. 그리고 그 다음엔 옆집에 사는 사람들을 사랑하세요. … 어떤 사람이든지 당신을 만나고 나면 더 나아지고 더 행복해지게 하세요. 신의 사랑이 당신을 통해 표현되도록 하세요. 당신의 얼굴에, 당신의 눈에, 당신의 미소 속에, 그리고 당신의 따뜻한 말 한 마디 속에 신의 사랑을 표현하세요." 맞다. 감동과 영감을 주는 교사는 얼굴에, 눈에, 미소 속에 그리고 말 한마디 한마디 속에 다음세대에 대한 열정과 따뜻함이 있다. 지금 바로 당신에 말속에 있다. 테레사 수녀의 말처럼, 그리스도의 사랑으로 청소년을 변화시키는 교회교육을 위한 교사가 되자.

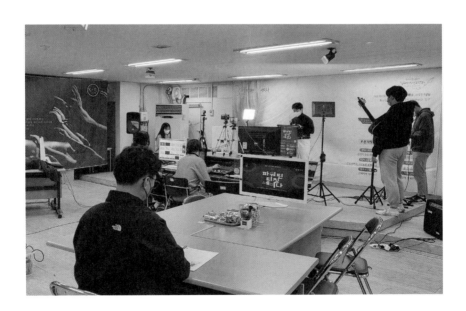

교사와 학생이
서로 감동하는 교육

교육은 만남을 통해 이뤄지는 삶의 변화의 축제이다. 변화가 없는 교육은 교육이 아니다.

　국어사전에서는 교육을 '지식과 기술 따위를 가르치며 인격을 길러줌' 이라고 정의한다. 교육을 통해 개인이 보다 완전해지고 자기의 능력을 충분히 발달시키게 된다. 만약 사회가 변화가 없는 개인들로만 구성된다면 문화적인 발전을 기약할 수 없을 것이다. 이러한 사회에서 생활하는 사람들은 사회 환경으로부터 인간 완성에 필요한 문화 내용을 받을 수도 없으며, 인간 형성에 영향을 끼치는 자극이나 암시도 받을 수 없게 된다. 보다 나은 개인 없이는 보다 나은 사회는 있을 수 없으며, 보다 나은 사회 없이는 보다 나은 개인이 존재할 수 없다. 이렇듯 교육 작용에는 개인형성과 사회형성의 두 측면이 있으며 서로 밀접히 관련되어 있다. 개인과 사회는 서로 영향을 받으며 변화한다. 이와 마찬가지로 교육의 대상자인 다음세대가 변하면 반드시 그들이 속해 있는 사회인 학교와 학원 그리고 가정과 교회가 변하게 되어있다. 그러므로 교육은 변화를 전제로 해야 한다. 특별히 하나님의 나라에 대한 교육을 담당하고 있는 교회학교 교육이야 말로 진정한 변화를 일으켜야 한다. 그렇다면 무엇이 변화를 일으키는 요인이 될 수 있을까?

1984년 미국 LA에서 올림픽이 열렸다. 중국 여성 선수가 다이빙 종목에서 금메달을 땄다. 당시에는 몸집이 작은 동양인 여성이 다이빙 종목에서 금메달을 따는 경우가 흔하지 않은 일이었기에 아나운서는 그녀에게 그 비결을 묻는 인터뷰를 진행하였다. "당신은 동양 여성으로 몸집도 아주 왜소한데, 어떻게 부드러운 동작과 침착하고 차분한 모습으로 고공에서 아름답게 다이빙을 연출할 수 있었습니까? 금메달을 딴 성공의 비결은 무엇인가요?" 그러자 그 선수는 주저하지 않고 대답했다. "어머니 때문입니다. 저는 어렸을 때 100미터 경주를 좋아했습니다. 그런데 경주에 나가면 자주 엎어지고 넘어졌습니다. 그래서 등외 선수가 되면 어머니는 제게 이렇게 말씀하셨어요. '사랑하는 딸아, 나는 네가 1등 하는 것보다 넘어졌다가 일어나는 모습이 더 아름답다. 나는 네가 일어서는 모습이 너무 아름다워서 견딜 수가 없단다. 너는 아름다운 내 딸이야. 너는 1등을 하려고 하지 말아라. 그냥 최선을 다 하는 거야. 나는 그냥 네가 뛰는 모습이, 운동하는 모습 그 자체가 아름답구나. 너를 보는 것 자체가 내게는 기쁨이란다.' 저는 다이빙 스탠드에 서면 어머니를 생각합니다. 그러면 모든 두려움이 사라지고 마음이 편해집니다."

위의 예화처럼 교회학교 교사들이 아이들에게 "선생님 덕분에 모든 두려움이 사라지고 마음이 편해집니다."라는 말을 듣게 되길 소망한다. 교육은 점진적이다. 학생의 작은 변화에도 민감하게 반응하며 작은 성장도 감지할 수 있는 교사가 있을 때 학생들은 새롭게 변화할 수 있다. 그러나 한국교회의 부모나 교사들을 살펴볼 때 너무나도 조급하다. "우리 아이는 어쩔 수 없어!", "도저히 어떻게 해볼 도리가 없어!"하고 실망해버리는 순간, 아이들은 그 상태 그대로 멈춰있을 수밖에 없다.

17세기경 로체스터의 백작이었던 존 윌모트는 다음과 같은 말을 했다. "결혼하기 전에 나는 어린이 교육에 관해 여섯 가지 원리를 가지고 있었다. 그러나 여섯 아이를 둔 아버지가 된 지금은 단 하나의 원리도 가지고 있지 않다." 자녀를 책임 있는 사회인으로 만드는 것이나 한 사람을 온전한 인격자로 교육한다는 것은 정말 어려운 일이다. 우리는 그동안 일만 스승의 자리에서 공과를 가르치고 적당히 시간을 함께 하는 일을 해왔지만 부모처럼 학생을 책임 있게 양육하지는 않았다. 물론 그동안 사회의 여러 가지 상황이나 개인들의 성향이 연합하여 선을 이루는 교육이 가능했다. 그러나 이제는 학생의 부모 역할을 감당하여 책임감 있게 학생을 양육하는 '멘토링'의 개념이 필요하다. 한 사람이 영적 부모가 되어서 적어도 일 년이 아니라 일정한 기간 동안 길게 학생의 영적 성장을 돕는다면 온전한 하나님의 사람, 자립신앙을 가진 하나님의 군사로 키우는 일이 가능해질 것이다.

교회학교 학생들을 변화시키는 교육을 위해 필요한 것은 무엇일까? 교육에 대한 이론과 인간발달에 대한 지식, 그리고 학생과 함께 공감하고 체험하는 프로그램일 것이다. 그러나 가장 중요한 것은 그것을 운용하는 사람 즉, 준비된 교사를 통해 변화가 이뤄진다는 것이다. 그리고 교사에게 요구되는 가장 중요한 태도는 바로 '사랑'이다. 어느 신학자는 이렇게 말했다. 하나님의 사랑을 알고 하나님의 사랑을 전하는 교사가 참다운 교사이며, 그는 하나님의 오래 참으심과 하나님의 긍휼하심을 맛보고 이러한 성품을 가득히 담고 학생을 대하는 사람이다. 하나님은 칠전팔기를 기대하신다. 앞서 말한 중국 선수의 어머니처럼 학생이 넘어져도 다음에 일어서는 모습이 아름답다고 격려하며 여러 가지 방법으로 학생에게 힘을 북돋워주는 교사가 되어야 한다.

> "여호와께서 내게 관계된 것을 완전케 하실지라 여호와여 주의
> 인자하심이 영원하오니 주의 손으로 지으신 것을 버리지 마옵
> 소서"(시편 138:8)

　많은 교회에 다니면서 강의를 할 때마다 듣는 이야기가 있다. "저는 목사님을 아는데 혹시 목사님은 저를 아시나요?" 나를 당황하게 만드는 질문이다. 아무리 생각해도 모르는 분이다. 그런데 그분은 나에게 강의를 듣고, 설교말씀을 들었다고 한다. 그래서 자신이 작은 변화를 시작할 수 있었다고 고백한다. 지금도 선생님과 만남을 통해 교회학교 교육 현장에 있는 학생들이 삶의 변화를 말하고 있다는 사실은 대한민국 교회학교의 희망이라고 믿고 싶다. 교사와 학생이 함께 감동하는 교육이야 말로 변화가 있는 교육이다.

탁월한 교사를 통해
교회학교 부흥을 준비하라

교회학교 교사로 사역하기 위하여 우리는 탁월한 교사가 되어야 한다. 그렇다면 탁월한 교사에게 필요한 4가지를 살펴보겠다.

첫째, 탁월한 교사에게는 명석한 머리가 있어야 한다.

열왕기상 3장 5절에서 "내가 네게 무엇을 줄꼬 너는 구하라"라고 말씀하신 주님께 솔로몬은 자신의 안위와 편안함이 아닌 맡기신 사명을 감당할 수 있는 '지혜'를 간구했다(열왕기상 3:7~9). 교사에게는 이같이 하나님이 맡기신 사명을 감당할 수 있는 지혜가 있어야 한다. 교육사상 중에 지행합일(知行合一)이라는 말이 있다. 지식과 행위는 본디 같은 것이며 알고서도 행하지 않음은 참으로 알고 있는 것이 아니라는 의미를 담고 있다. 오늘날 우리 교육은 지식만을 강조하고 있다. 세상을 살아가는데 필요한 지혜는 학교 교육만 가지고는 부족하다. 지식만 많이 흡수했다고 해서 그것이 곧바로 예지(銳智)로 바뀌는 것은 아니다. 예지란 날카롭고 밝은 지식, 곧 지혜를 의미한다. 명석한 두뇌를 연마하는 것은 부단한 노력으로 지식을 축적하고 실천적 경험이 쌓여졌을 때 가능하다. 실제로 교회 현장에서 지혜로운 교사에 대한 관심이 부족하다. 오히려 성경을 가르치는데 무슨 머리냐고 되묻는다. 그러나 학자 에스라가 이스라엘 백성에게 율법을 가르칠 때 그들이 깨닫고 통회하는 가운데 개혁이 일어났다. '학자의 귀와 혀'라는 말은 교사들이 주님께 간구해야 할 기도의 제목이 되어야 한다.

　둘째, 탁월한 교사는 부지런한 손을 가져야 한다.
　인류는 '하나님이 가라사대 우리의 형상을 따라 우리의 모양대로' 지음을 받았다. "생육하고 번성하여 땅에 충만 하라, 땅을 정복하라, 바다의 고기와 공중의 새와 땅에 움직이는 모든 생물을 다스리라"라는 명령을 통해 세상을 정복하고 다스리는 축복을 누렸다. 하나님의 형상으로 지음 받은 인간은 '창조성'을 부여받고 두 손을 가지고 자유자재로 움직일 수 있는 만물의 영장이 되었다. 우리에게 부여된 두 손은 우리에게 맡겨진 '인간의 의지'다. 두 손의 기능을 부단히 개발하여 부지런히 땀 흘린 민족은 풍요함을 누리고 행복하게 살아갈 수 있었고 그렇지 못한 민족은 가난의 고통을 후손에게 물려 줄 수밖에 없었다. 두 손을 이용하여 부지런히 일하는 것이 곧 국가와 사회에 대한 봉사임을 가르친다. 봉사는 일방적인 자기희생이 아니다. 자아를 실현하고 확대시키는 길이다. 봉사는 자기의 가치를 높이는 최선의 방법이다. 따라서 교회학교 교사는 단순히 지식만을 전달하는 것이 아니라 하나님의 마음을 품고 청소년을 섬겨야 한다.

셋째, 탁월한 교사는 건강한 몸을 가져야 한다.

존 로크는 "건강한 신체에 건강한 정신이 깃든다."라고 말했다. 교육의 출발점으로 여겨지는 이 말은 사람의 행복한 상태를 의미하기도 한다. 신체와 정신 중 하나라도 건강하지 않은 사람은 그 어떠한 것으로도 행복을 가지고도 건강한 신체와 건강한 정신 두 가지 중 하나라도 없는 사람은 어떠한 것을 가지고도 보충할 수 없다. 인간의 행복과 불행은 각자가 만드는 것이다.

희망전도사 닉부이치치를 보자. 태어날 때부터 사지가 없었고 작은 발마저도 잘 쓰지 못한다. 여러 차례 자살을 시도했지만 그때마다 부모와 친구들의 격려와 도움으로 살아갈 용기를 얻게 되었고, 하나님을 믿는 힘으로 살아가고 있다. 그는 "최고의 장애는 당신 안에 있는 두려움이다."라고 말하면서 자신의 장애를 받아들이는 건강함을 갖고 있다. 그의 곁에서 아낌없이 격려해준 부모가 건강했기에 그는 돌봄을 통해 건강함을 누릴 수 있게 되었고, 전 세계의 희망을 선사하는 전도사로 활동할 수 있게 되었다. 닉부이치치가 하나님을 믿는 힘으로 살아가고 있는 것처럼 혼돈스런 시대를 살아가는 청소년들에게 건강한 신체와 정신이 깃들 수 있도록 교회학교 교사가 곁에서 격려해야 하며 이끌어줘야 한다. 그렇기 때문에 교사 역시 건강한 몸과 정신을 가져야 한다. 최후까지 버티고 나갈 수 있는 끈질긴 힘을 갖고 있어야 한다. 항상 몸을 단련하고 영양을 고루 알맞게 섭취하여 좋은 일을 힘차게 할 수 있는 강건함을 유지하는 일이 교사에게 필요하다.

넷째, 탁월한 교사는 충성스런 마음이 있어야 한다.

진실한 애정만큼 인간의 마음을 끌어당기는 큰 힘이 없고, 성실한 미덕만큼 공동체의 단결을 강화하는 큰 힘이 없다. 언제 어디서 무슨 일을 하든 또 누굴 대하건 고운 마음씨로 성실을 다하는 것이 곧 인생을 가장 올바르게 사는 길이다. 성실을 다하는 것은 바로 충성하는 것이요, 무실역행의 교육철학을 실천하는 자세이다. 하나님의 명령에 대해서 충성하고 하나님의 말씀에 성실하며 이웃에게 진실해야 한다. 무엇보다도 교사는 마음으로 학생을 만나야 한다. 학생에게 충성할 때 하나님은 30배, 60배, 100배의 열매를 주신다. 마음을 다하는 균형 잡힌 탁월한 교사를 통해 우리 다음세대가 부흥할 것이다.

탁월한 교사로 준비되면 부흥은 반드시 따라오게 되어있다. 하나님은 하나님의 자녀들을 명석하고, 부지런하며, 건강한, 그리고 충성스런 마음을 가진 교사에게 부탁하실 것이라고 믿는다. 내가 준비되면 하나님은 역사하신다. 부흥은 바로 하나님이 주시는 가장 큰 선물이다.

준비된 교사가
아름답다

교회학교 교육을 준비하기 위해서는 무엇보다 긍정적인 시각이 중요하다. 위기론에 휩싸인 한국교회를 똑같이 위기론적인 관점으로 바라보는 것이 아니라, 소망을 가지고 희망과 비전을 세우는 것에서부터 출발하자. 희망과 꿈은 '다음세대로부터 시작되는 것'이라 생각하고 믿자. 그리고 꿈꿔보자.

'다음세대가 살아야 한다'는 말이 표어처럼 나돌고 있으나 다음세대를 살리려는 실천의지는 매우 낮다. 그렇다고 해서 한국교회, 총회와 노회, 그리고 당회가 다음세대에 관심을 기울이고 있지 않다는 것은 아니다. 그만큼 다음세대를 살리는 일이 힘겹다는 의미다. 그럼에도 불구하고 포기할 수 없고, 실족할 수 없는 사역이 바로 다음세대 사역이다. 다음세대 사역을 위해서 우리가 희망과 비전을 갖고 실천할 수 있는 방법은 무엇일까? 바로 '준비된 교사'를 통해서 우리의 희망과 비전이 실천될 수 있다. 청소년 현장전문가로 활동하는 필자는 최소한 그렇게 생각한다. 아니 확신한다.

그렇다면 준비된 교사를 통해 다음세대를 교육한다는 것은 무엇일까? 다음세대가 신앙을 통해 얻게 된 감동과 변화된 삶을 간증할 수 있는 것이라 생각한다. 마치 스데반 집사가 많은 유대인들 앞에서 자신의 신앙을 고백하고 그런 신앙을 공유하기를 간절히 염원한 것처럼 말이다. 가끔 중·고등부 학생들이 PC방이나 거리 등 다른 곳으로 가지 않고 교회로 돌아온 과정을 이야기하거나 친구들 사이에서 신앙적인 결단을 하고 바르게 살아가기 위해 노력하는 것을 듣게 되면 가슴이 찡하다. 자신의 삶의 목표가 바뀌었다고 선포하는 것이기 때문이다. 이러한 소망과 기대를 품고 우리 교사들은 어떤 자세를 갖고 다음세대를 품어야 할 것인가? 준비된 교사가 되기 위해서 다음 세 가지의 자질을 갖춰야 한다.

첫째, 미션의 사람이 되어야 한다. 시간은 사건의 연속으로 정의한다. 그리고 인생이란 목적이 있는 사건의 연속이다. 그런데 우리는 바쁜 일에 싸여 있고, 성과 없이 살아간다. 그러나 "성공 앞에는 초점이 온다."라는 말처럼 삶에 대한 비전을 통해 나아갈 방향을 찾을 수 있다. 그러면 성과 없이 살아가는 것이 아니라 방향에 따른 성과를 얻게 된다. 한국교회와 교사들이 말하는 미션(Mission)은 '복음전파'를 의미하고 때로는 '성전'을 가리켰지만, 이제는 '조직의 근본적 존재목적에 대한 선언·임무를 정의하는 명령문'을 의미한다. 따라서 우리에게 맡겨진 존재와 삶의 목적을 중·고등부 학생들을 향해 제시하며 올바른 미션을 세울 수 있도록 도와야 한다. 개개인에 대한 교육목표가 있고 이것을 이루기 위한 구체적인 계획을 세워야 한다. 바로, 이것이 교회학교의 미션임을 잊지 말자.

둘째, 인격의 사람이 되어야 한다. 인격이 없는 비전은 사명이 아니라 조작이다. 많은 사람들이 좋은 말은 참 잘 한다. 아마도 늘 아이디어를 내듯이 좋은 글을 읽고 생각하며 좋은 말을 할 기회가 많기 때문이라 생각된다. 그러나 말이 많은 사람은 신뢰하기가 어렵다. 오히려 에베소서 5장 7절의 말씀처럼 우리는 의롭고 정직하고 선하여서 사람들에게 신뢰감을 갖게 해야 한다. 세상을 변화시키고자 하는 사람은 자신을 먼저 변화시킬 필요가 있다. 잠언 11장 3절의 말씀에서 지적하듯이 정직하고 곧은 사람은 크게 성공하지는 못해도 삶의 방향이 있다. 우리는 '주님과 교제를 하는가? 직장에서 성실한가? 돈이 나의 삶에 영향을 미치지 못하는가? 생각이 건전한가?' 등의 질문에 잔인할 정도로 정직할 각오가 되어 있다면 인격이 형성되고 있다고 말할 수 있다.

셋째, 목숨을 줄 수 있을 만큼 집중하는 사람이 되어야 한다. 위대한 신앙의 선배들 중에 조지 휫필드라는 사람이 있다. 그는 일주일에도 40시간, 60시간씩 설교와 전도를 하는 열심 있는 사역자였다. 그래서 주변의 사람들은 그의 건강을 걱정하기도 했다. "건강을 유의하셔야지요." 이 말을 들은 휫필드는 이렇게 말했다고 한다. "나는 녹슬어 없어지기보다는 닳아서 없어지고 싶습니다." 사도 바울은 학생을 가르침에 있어서 목숨을 주기를 즐거워하였다.

> "우리가 이같이 너희를 사모하여 하나님의 복음으로만 아니라 우리 목숨까지 너희에게 주기를 즐겨 함은 너희가 우리의 사랑하는 자 됨이니라"(데살로니가전서 2:8)

그동안 우리의 삶을 지켜보고 얼마나 많은 사람들이 그리스도를 믿을 수밖에 없었는지 생각해보자. 우리 삶의 어떠한 것이 우리를 깊이 그리고 근본적으로 헌신하게 하며 우리의 선택과 행동에 영향을 미치고 상황에 따라서는 희생도 마다하게 했는가? 마틴 루터는 95개 조항을 발표하면서 "나는 여기 섭니다. 나는 결코 다른 일을 할 수 없습니다."라고 외쳤다.

생활훈련을 코칭하는
교사가 되자

교회학교의 교육목적은 예수 그리스도의 대속의 은혜와 하나님의 말씀을 통해 타락한 사람의 죄 된 본성을 회복하여 하나님께 합당한 사람으로 만드는 것이다. 데살로니가전서 2장 8절의 말씀을 통해 이러한 교사의 역할을 설명하면서 권면과 위로뿐만 아니라 경계를 하고 있다. 여기서 경계란 훈계, 훈련을 의미하며 변화된 인격과 삶을 갖게 하는 것이다. 사람은 생각을 심으면 행동을 거두고, 행동을 심으면 습관을 거두고, 습관을 심으면 인격을 거두기 때문에 인생을 변화시킨다. 교회학교 학생들의 진정한 변화는 '수련회'와 '부흥회'를 통해 선포되는 하나님의 말씀을 통한 변화라 생각한다. 무엇보다 삶의 생각하는 훈련을 통해 행동과 습관의 변화로 인격적 변화를 경험할 때 지속적인 변화가 이뤄질 수 있다.

하나님의 온전하심과 거룩하심을 따르는 삶을 살기 위해서는 다음의 실천이 필요하다. 하나님의 말씀을 섭취하며, 기도를 통해 하나님과 교제를 나누고, 성도의 교제와 복음증거를 통해서 예수님의 주되심과 순종하려는 믿음을 지속적으로 성숙하게 할 수 있다. 이러한 기본적인 영적 훈련을 통해 그리스도의 제자의 삶이 시작된다.

따라서 교사는 학생들과의 첫 만남에서 반드시 구원상담을 통해 아이들의 상태를 점검하며 예수님의 주되심을 가르치고 지속적으로 하나님께 순종하고자 하는 헌신을 말과 행동으로 가르쳐 고백하게 해야 한다. 마치 사도 바울이 예수님을 따르는 것 같이 자신을 본받으라고 한 것처럼 교사도 학생들에게 경건의 훈련을 함에 있어서 본이 되어야 한다. 성경을 듣고 읽고 공부하며 암송하고 묵상하는 기술을 익혀서 전수하고, 기도의 다섯 가지 요소인 찬양·감사·죄의 고백·도고·간구로 균형 잡힌 기도를 통해 지속적으로 기도노트를 작성하여 기도응답을 재산으로 삼아야 한다. 조지 뮬러가 자기는 5만 번의 기도응답을 받았다고 고백하였듯이. 더 나아가 교회 신앙공동체와 교제를 통해 신앙이 온전해지고 복음증거를 경험함으로써 구원의 도가 보여주는 새 생명의 기쁨과 성령께서 강력하게 역사하심을 체험함으로써 예수님의 제자가 되어갈 수 있다.

그 다음은 하나님이 우리에게 주신 것들을 잘 관리하는 청지기가 되는 것이다. 만물은 하나님의 것이다. 하나님은 우주 만물의 조성자이시며 창조주이시기 때문에 이 모든 것이 하나님의 것이다.

> 하늘이 주의 것이요 땅도 주의 것이라 세계와 그 중에 충만한 것
> 을 주께서 건설하셨나이다" (시편 89:11)

그리고 우리가 가진 것은 다 하나님이 주신 것이다. 하나님은 우리가 소유하고 있는 능력과 여러 가지 은사를 주셨다.

자기 아들을 아끼지 아니하시고 우리 모든 사람을 위하여 내어 주신 이가 어찌 그 아들과 함께 모든 것을 우리에게 은사로 주지 아니하시겠느뇨"(로마서 8:32)

우리는 하나님의 후하심과 도우심이 없이는 아무것도 얻을 능력이 없다. "네게 있는 것 중에 받지 아니한 것이 무엇이뇨 네가 받았은즉 어찌하여 받지 아니한 것 같이 자랑하느뇨"(고린도전서 4:7)

따라서 우리는 하나님의 자원을 관리하는 청지기이다. 청지기는 남의 재산을 관리하는 책임을 위임받은 사람이며 성도들은 이에 대한 부르심을 받았다.

각각 은사를 받은 대로 하나님의 각양 은혜를 맡은 선한 청지기 같이 서로 봉사하라"(베드로전서 4:10)

우리는 그리스도를 삶의 주인으로 모시며 하나님이 우리에게 주신 시간, 건강, 물질, 인간관계, 은사들에 대한 자신의 권리를 그분에게 드려 그분의 권리를 인정하는 삶을 살기 위해 잘 훈련받아야 한다. 먼저 이 모든 것이 선물인줄 알아서 허락하신 하나님께 감사하고 최대한의 노력을 다하여서 잘 관리하려는 원칙이 있어야 하면 충성스럽게 수행해 나가야 한다.

시간 관리는 기도하는 가운데 하루, 일주일, 한 달, 일 년 단위로 해야 할 일과 하고 싶은 일의 목록을 작성하고 우선순위를 정해 차례대로 성실히 해나가면서 상시적으로 점검표를 작성한다. 건강관리는 하나님의 일을 하는데 매우 중요하므로 신체의 모든 기관이 각자의 역할을 잘 수행하도록 유연성과 강인함과 역동성을 지니도록 운동을 주기적으로 하며 식탐을 배제하고 적당한 칼로리를 섭취하는 식사를 규칙적으로 해야 한다. 그리고 주어진 여건에서 감사하고 건전한 여가활동으로 스트레스를 해소하도록 한다. 물질관리는 자기 생활비와 헌금, 저축, 구제의 비율을 70, 15, 10, 5%의 비율을 기본으로 하며 잘 사용하고 항상 기록을 통해 조정해나간다.

변화를 주도하는
교회학교 교사가 되자

긴 여름사역을 뒤로하고 벌써 발 앞에 다가온 가을사역을 준비하고 있다. 참
세월이 빠르다. 여름사역 중 전국 방방곳곳에서 울려 퍼졌던 청소년들의 찬
양과 기도소리가 지금도 귓전을 울리는 것 같다. 참 좋았다. 아니 행복했다.
청소년 사역자로써 가장 행복한 때는 바로 우리의 아이들이 기도하고 찬양
하는 모습을 바라보는 순간이다. 이 땅의 다음세대들이 찬양과 기도를 통해
하나님 앞에 나가는 모습과 그들이 내는 목소리는 세상에서 가장 아름다운
것이라고 생각한다. 청소년들을 만나면 꼭 시키는 것이 있다. 오른손을 높
이 쳐들고 내리면서 힘찬 목소리로 따라하라고 한다. "내가 변하면, ○○교
회가 변한다!"라고 외치면서 자신의 이름을 넣고 고백하라고 한다. "현동이
가 변하면, 꿈땅교회가 변한다!"

맞다. 진정한 변화는 나로부터 시작된다. 그리고 이러한 적용은 청소년 사역을 담당하는 지도자들에게 적용되어야 한다. 그래서 청소년지도자의 변화를 통해 교회가, 교사가, 청소년이 변화할 수 있는 기회를 제공하자.

주변 교회학교 교사들을 보면서 생각하는 문제가 있다. 우리는 자신에게 맡겨진 교육환경을 보면 늘 반복하는 어려움이 있다. 가르쳐야 할 내용을 이번에는 기필코 잘 준비해야지 하면서도 막상 토요일이 되면 일주일이 어느새 그렇게 빨리 흘러갔는지 시간이 부족해진다. 그리고 토요일 밤마다 다른 일들로 인해 별다른 준비를 하지 못한다. 공과를 가르치는 순간까지 불안하고 미안하다. 또한 담당하는 학생들의 일상생활에 관심을 갖고 그들의 필요를 발견하여 채워주고 싶은 마음은 굴뚝같으나, 연락을 하거나 만나서 함께 시간을 가지려는 노력들은 번번이 내 일로 인해 차일피일 미뤄지게 된다. 아니 어쩌면 일상 속에서 전혀 학생들을 생각하지 않을 때가 더 많을 것이다. 참 속상한 고백이다.

나는 참다운 목자인가? 하는 생각마저 든다. 더욱 문제가 되는 것은 내 개인의 영적인 건강이다. 매일 성경 읽고, 큐티하고, 기도하며, 성경을 매일 묵상하는 일, 경건서적을 읽고 일기를 쓰며 자신을 반성하는 일이 자꾸 징검다리가 되어가고 있다는 사실이다. 그래서 다시 한 번 외치고 싶다. "내가 먼저 변하면, 우리 청소년들이 변한다!"라고 말이다. "현동이가 먼저 변하면, 우리 청소년들이 변한다!"

그렇다면 청소년을 변화시키기 위해 어디서부터 어떻게 시작해야 할까? 가장 중요한 것은 자신에게 철저하고 남에게 부드러운 교사가 되어야 한다는 사실이다. 그러한 교사가 되기 위해서는 할 일과 해야 할 일 목록을 작성하고 그 중에 하나씩 우선순위를 정해 하나씩 실천해 나가는 수밖에 없다. 먼저 해야 할 일과 하고 싶은 일을 기록한다.

첫 번째 작업은 목표기간에 내가 해야 하는 각종 일들을 적어보는 것이다. 영역을 나누어 각 영역에 해당하는 일들을 모두 적어 보자. 영역은 '직장·교회·가정·개인 일'로 나누거나 '신앙 성장·직업적 성취·대인관계·건강관리' 등으로 나눌 수 있다. 특히 교사로서 해야 할 일을 적어본다.

두 번째 작업은 다른 사람이 할 수 있는 일은 무조건 맡기는 것이다. 혼자서 과도한 일을 떠맡아 일 더미 속에서 스스로 지쳐 버리는 경우가 종종 있다. 특히 교사회 임원을 맡게 되는 경우 가장 많이 볼 수 있는 현상이다. 그럴 때는 내가 적어 놓은 일들 중에 꼭 내가 하지 않고 다른 사람에게 맡겨도 되는 일인지를 곰곰이 생각해 보는 것이 필요하다. 유능한 리더는 혼자서 모든 일을 다 하는 사람이 아니라 일을 적절한 사람에게 나누어주어 협력하여 일할 수 있도록 하는 사람이다.

마지막으로 우선순위를 정한다. 이제 남에게 맡길 수 있는 일을 제하고 내가 해야 하는 일들만 남았다. 그래도 할 일이 많을 것이다. 시간은 적고 할 일은 너무도 많다. 이 때 필요한 것은 우선순위를 정하는 일이다. 다시 말하면 일의 중요도에 따라 순서를 정해 '이 일과 저 일이 겹치면 나는 이 일을 한다'는 원칙을 스스로 갖고 있는 것을 말한다. 많은 교사와 지도자들이 '우선순위'를 세우지 않았기 때문에 우유부단하고 시간을 낭비하고 있다. 일에는 하고 싶은 일과 해야 할 일이 있다. 또 급한 일과 중요한 일이 있다. 사람은 하고 싶은 일과 급한 일에 마음이 먼저 가기 마련이다. 그러나 목표가 분명한 사람은 해야 할 일과 중요한 일을 먼저 한다.

지도자와 교사가 먼저 변하면 학생들도 변한다. 느슨해지기 쉬운 늦은 여름, 우선순위를 지켜서 양을 잘 치는 선한 목자가 되자. 그래서 나로부터 변화되는 놀라운 경험을 해보자. 나 때문에 학생들이 변화고 학생들 때문에 그들에 학교와 가정 그리고 그들이 속해 있는 공동체가 변화는 놀라운 변화는 지금, 오늘부터 변화의 주체가 되는 나로부터 시작된다.

먼저 교회학교 지도자들의
구원의 문제를 해결하자

"당신은 주 예수를 믿으십니까?"라는 질문을 하면 교회학교 교사와 지도자들은 매우 많이 불편해한다. 너무나도 당연한 질문을 한다는 반응이나, 확신이 없는 가운데 자신의 삶에 또 다른 파장을 준다는 생각에 힘들어 하는 모습들을 살펴볼 수 있다. 요즘 수많은 중·고등부 예배의 현장에서 찬양과 열린 예배는 존재하나, 신앙고백은 점점 상실되어 간다는 자성의 목소리가 들려오고 있다. 정작 자신은 구원의 확신이 없으면서 다음세대들에게 구원의 확신을 묻고 답하기에는 매우 곤란한 상황이기 때문이다.

중·고등부의 부흥은 영적 부흥에 달려야 한다. 그러나 대부분의 교회들은 숫자적 의미에서의 부흥만을 외친다. 즉, 눈에 보이는 식의 부흥만 요구하고 있는 것이다. 그들에게 묻고 싶다. 교회에서 부흥은 누굴 향한 부흥인가? 또, 교회학교 교육을 책임져야 할 교사는 누가 맡아야 할까? 아니 기독교교육은 누가 감당해야 할까? 다른 사람이 아니라 바로 기독교인이 해야 한다. 예수 그리스도를 가르치는 교사는 당연히 예수 그리스도를 알고 전하는 사람이기 때문에 이미 구원의 체험을 경험하며 예수님과 전인격적인 만남이 이뤄진 사람이어야 한다. 그래서 학생들에게 성경의 진리와 예수 그리스도와 인격적인 관계에 대해 잘 설명하며 그리스도를 쫓는 삶을 살 수 있도록 지도할 수 있어야 한다.

그리스도인은 영어로 'Christian'이다. 이것은 'Christ'와 'an(man)'의 합성어로서 'a man of Christ' 또는 'a man for Christ'를 의미한다. 우리는 그리스도 안에서 새로운 피조물이 되었다. 이제는 나의 멋대로 사는 것이 아니라 그리스도의 뜻대로 사는 삶(고린도후서 5:17)을 살아야 한다. 이러한 고백 없이는 교회학교 교사를 감당할 수 없다.

자신에게 이러한 질문을 던져보자. '나는 그리스도인인가?' 고등학교 시절 한 친구가 물은 적이 있다. "너는 거듭난 날을 알고 있니?" 꼭 그날을 알아야 한다고 생각하지 않았던 나는 당시 지도하시던 목사님에게 여쭤봤다. "목사님, 우리는 거듭난 날을 알아야만 하나요?" 그분은 현명하게 대답하셨다. "성경에 보면 바울은 다메섹을 가는 도중에 예수님을 만나서 거듭났지만 베드로는 언제 거듭났겠니? 위대한 신앙고백을 한 때(마태복음 16:16)일까?, 아니면 주님을 처음 만난 때(요한복음 1:42)일까? 아니면 예수님이 부활하신 후 주님을 사랑합니다(요한복음 21:15-17)라고 고백한 때일까? 아니면 마가의 다락방에서 기도한 후 성령 충만을 받았을 때(사도행전 1:15)인가? 거듭나는 것은 바울처럼 명확히 아는 경우도 있고 베드로처럼 모르는 경우도 있단다."라고 말이다. 맞다 우리는 우리의 구원 때를 정확히 모를 수는 있다. 그러나 구원의 확신은 분명해야 한다. 그래야 교회학교 교사가 될 수 있다.

그렇다면 어떻게 구원의 확신을 가질 수 있을까?라는 질문에 선생님 들께서 구원의 확신을 가질 수 있는 지표로 다음 다섯 가지 답을 함께 생각 봤으면 한다.

첫째, 하나님의 말씀에 신실함을 확신해야 한다.
우리의 확신의 근거는 각자의 감정이 아니라 기록된 하나님의 말씀 이어야 한다.

내가 하나님의 아들의 이름을 믿는 너희에게 이것을 쓴 것은 너 희로 하여금 너희에게 영생이 있음을 알게 하려 함이라"
(요한일서 5:13)

우리의 신앙의 근거는 성경 66권 말씀을 통해서 나온다. 그러므로 교 회학교 교사들은 구체적으로 말씀을 읽고, 듣고, 암송하고 전파하는 일상이 있어야 한다. 그 말씀으로 하루를 살아내는 삶의 간증이 없이는 교회안에서 의 가르침은 능력을 발휘 할 수 없다.

둘째, 하나님되시는 성령을 경험해야 한다.
교회학교 교사는 성령 하나님으로 더불어 우리가 하나님의 자녀임을 증거하심을 경험해야 한다. 도저히 믿어질 수 없는 복음의 진리가 성경에 쓰인 그대로 믿어진다는 것은 나의 지성적인 노력이 아니라 단번에 믿게 하시는 성령 하나님의 감동이다. "성령이 친히 우리 영으로 더불어 우리가 하나님의 자녀인 것을 증거하시나니"(로마서 8:16). 하나님의 천지창조와 원죄 그리고 그 죄를 사해주시기 위해 오신 예수님과 다시오심에 대한 소망이 믿어지는 것은 성령 하나님의 은혜를 체험한 자의 것이다.

셋째, 삶의 변화가 일어나야 한다.
예수를 구주로 모시면 사고방식이나 습관 등 전반적인 생활방식이 변화된다.

> 그런즉 누구든지 그리스도 안에 있으면 새로운 피조물이라 이전
> 것은 지나갔으니 보라 새 것이 되었도다"(고린도후서 5:17)

이는 이전에는 자기 마음대로 행하였지만 이제는 변하여서 예수님의 뜻을 따라 살아간다는, 아니 그렇게 살아가려고 노력한다는 말이다. "만일 예수라면 어떻게 하실 것인가?" 라는 질문을 항상 던져보는 삶의 변화가 일어나야 한다.

넷째, 그리스도 안에서 형제자매들을 사랑하게 된다.

> 우리가 형제를 사랑함으로 사망에서 옮겨 생명으로 들어간 줄을
> 알거니와 사랑치 아니하는 자는 사망에 거하느니라.(요한일서 3:14)

예수를 믿는 사람을 만나면 마음이 잘 맞아 기분이 좋다. 그러나 믿지 않는 사람을 만나면 힘들 때가 있다. 익숙하지 않아서 뿐만 아니라 대화가 되지 않기 때문이다. 그 사람이 나에게 무엇을 해주어서가 아니라 그저 예수를 믿기 때문에 사랑을 하게 된다. 예수 믿는 사람의 삶은 한마디로 표현하면 사랑이다. 그것도 조건 없는 사랑이다. 교사가 다음세대들을 사랑하는 이유는 그냥이다.

다섯째, 경건한 삶을 살기 원해야 한다.

경건은 '하나님을 기쁘시게 하려는 하나님을 향한 나의 태도'이다. 경건한 삶을 살고 있다는 증거는 성경읽기를 즐겨하고 성경을 암송하며 묵상하기를 노력하는 삶의 모습이다. 경건한 삶을 살기 위해 노력한다면 기도하는 삶의 습관이 숨 쉬듯이 자연스러워 지는 것이다. 경건의 모양도 중요하지만 하나님과 늘 함께 있다는 것을 잊지 말아야 한다. "예수님이라면 어떻게 하셨을까?" 라는 질문을 삶속에서 스스로 묻고 답하면서, 작은 결정 하나까지도 주님과 동행하는 것이 경건한 삶이며 교회학교 교사들은 그러한 삶을 추구해야 한다.

부분이 아니라
전체를 볼 수 있는 교사

다음세대를 바라보면서 아이들은 계속 변한다는 생각을 하게 된다. 그리고 다음세대들은 그 변화를 두려워하기 보다는 즐기면서 기대하고, 또한 더 빨리 오기를 소망하고 있는 것 같다. 그래서 다음세대를 바라보고 있으면 늘 소망이 생긴다. 예수님께서는 요한복음 15장에서 내가 참 포도나무요 내 아버지는 그 농부라는 포도나무 비유의 말씀을 시작하신다. 우리도 이 시대의 다음세대 교육사역을 감당하고 있는 예수님의 제자이자 농부라 비유할 수 있을 것이다. 농부는 전체를 보고 부분을 생각할 수 있는 지혜가 있다. 봄에 씨를 뿌리면서 가을에 열매를 생각할 수 있는 힘이 농부의 힘이다.

농부에게는 다음과 같은 다섯 가지 수준이 있다고 한다.

첫째는 '생활을 위한 농부'이다. 그의 유일한 목표는 노력은 안 하고 돈만 벌려는 것이다. 그가 제일 하층의 농부다. 둘째는 '기술적인 농부'다. 그는 경영을 잘 해서 농산물 값이 오를 때는 팔고 내릴 때는 가공을 해서 저장하거나 나은 값으로 파는 등의 경영의 묘를 잘 살린다. 세 번째는 '시적인 농부'다. 자연과 융화하면서 대자연 속에서 생활하는 농가의 행복을 느끼며 농토와 가정을 시적 정서 함양을 위한 환경으로 만드는 농부다. 네 번째는 '철학하는 농부'다. 그는 천지의 소리 없는 소리를 듣는 사람이다. 천지의 목소리가 진리이고 이것을 푸는 것이 철학인데 농부의 철학은 흙의 철학이다. 마지막으로 농부의 최고봉은 '신앙을 가진 농부'인데 그는 한마디로 하나님의 심부름을 하는 농부다. 하나님의 심부름을 하는 것, 이것이 종교다. 농작물은 천지의 힘으로 경영되는 작업이다. 농부가 신앙심이 없다면 세상 어디에서 신앙이 자랄 수 있을까? 여기서 각 단계는 물론 이전 단계의 모든 것을 포용하면서 발전하는 것이리라.

경기북부지역에서 청소년 사역을 시작한지도 벌써 20년이 넘었다. 이제는 효율성을 생각할 때가 되었다고 생각해 나름대로 사회과학적인 접근을 하려고 한다. 청소년 사역을 서구적인 개념으로 보다 체계적으로 기획하고 진행하며 특히 사역과 사람을 평가하려 노력하고 있다. 그런데 참 힘들다. 좀 냉정하게 보는 면이 우리를 힘들게 한다. 그럼에도 불구하고 전문성을 갖고 싶다. 설교 하나, 강의 하나, 상담 하나에 하나님이 베푸신 은사를 최대한 활용하지 않는 것을 죄라고 생각하며 오늘도 더 나은 나를 위해 채찍질을 멈추지 않으려고 한다. 농부가 씨앗을 뿌리듯이 올해 여름사역도 전체를 보는 눈과 자신을 돌아볼 수 있는 냉철한 분석력으로, 보다 성숙하며 발전적인 사역현장을 경험할 수 있길 소망해본다.

우리는 진정으로 신앙하는 교사인가? 그렇다면 철저하게 드려지는 교사는 어떠한 모습이어야 할까? 전체를 보는 눈이 있어야 할 것이다. 먼저 나에게 맡겨진 아이들 하나하나 모두를 생각할 수 있어야 한다. 고운 아이, 미운 아이 모두가 하나님이 맡기신 기업이 아닌가? 천하보다 귀한 생명이다. 그렇다면 출석을 잘 하는 아이나 결석을 자주 하는 아이 모두를 교사와 지도자의 마음속에 품어야 한다. 그들에게 관심을 보이고 관계를 돈독히 하는 일에 힘쓰도록 하자.

그리고 다음세대 친구들 한명 한명에 대해서 철저하게 알고 대처하는 일을 준비해 보자. 그들이 개인적으로 변해야 할 목표를 세우고 그 변화를 위해서 기도로 준비하자. 개인의 장단점을 파악하고 가능성을 생각해 보며 그들의 꿈을 알아보자. 그리하여 그것들을 개선하고 계발하기 위한 전략을 세우도록 하자. 언제, 어디서, 누구를 어떻게 상담하고 공과를 어떻게 가르칠 것인지를 설계하고 준비하는 일이 필요하다.

다음세대를 위한 사역프로그램 전체를 파악하고 그 안에서 나의 할 일을 감당하도록 하자. 흔히 공과를 가르치는 사람은 공과시간에만, 프로그램을 진행하는 사람은 그 프로그램에서만 힘써 일하고 다른 시간에는 놀며 전체 프로그램의 진행을 방해하곤 한다. 전체프로그램을 알고 생각하고 기대하는 교사나 지도자가 필요하다. 협력하여 선을 이루는 멋진 사역이 사역이다.

이번 여름사역과 하반기 사역에는 이런 교사가 되자. 단 한 사람을 만나 이야기하더라도 다른 친구와 교사들을 느낄 수 있는 교사, 단 하나의 프로그램을 진행하더라도 다른 프로그램과의 관계를 늘 생각하는 교사, 단 한

가지 일을 하더라도 다른 사람들의 역할을 알고 그들의 마음을 헤아리는 교사가 되어 보자. 자신만의 노하우를 가지고 시적인 마음을 가지며 철학 하는 교사이자, 신앙 있는 교사로 나아가자. 요한복음 10장 10절에서 풍성한 열매를 약속하신 주님이 올해도 구하는 자에게 주실 것을 믿는다.

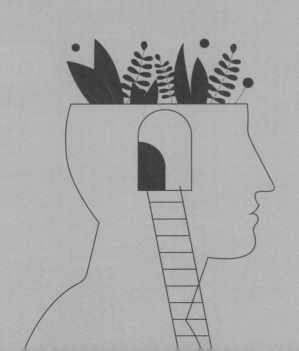

2부
다음세대와 프로그램

교회학교
새해 준비하기

누군가 인터넷 메일을 통해 '이런 사람 어때요?'라고 보내온 글이다. "시계와 같이 규칙적이며 근면한 사람, 대나무처럼 절도가 있는 사람, 주판알처럼 오르내리는 융통성이 있는 사람, 용수철처럼 때에 따라 신축자재한 사람, 부채와 같이 끝으로 갈수록 넓어지는 사람, 액자와 같이 장차 올려다 볼 수 있는 사람, 우산과 같이 평소에는 눈에 띄지 않지만 일단 유사시에는 도움이 되는 사람, 이런 사람 어때요?"

우리는 서로 관계를 맺고, 서로 기대하고 영향을 받으면서 살아간다. '이런 사람'이 당신 곁에 있다면 어떤가? 아니, 내가 바로 '이런 사람'이 된다면 얼마나 아름다울까? 이번 장에서는 새로운 마음으로 새해를 준비하면서 교회학교를 어떤 눈으로 바라보고, 무엇을 준비해야 하는지에 대한 현장실

무자로서 청소년 교육에 대한 방향성을 제시한다.

먼저, 교회교육의 핵심인 '교사'에 대한 방향성을 제시하고자 한다. 매년 새로운 교역자와 교사를 바라보는 아이들의 기대에 찬 시선을 생각하면 교사의 중요성은 아무리 강조를 해도 지나치지 않다. 어느 순간부터인지 현재 한국교회의 교회학교 교사는 일반사회에서 이야기하는 '자원봉사'의 역할을 넘어서지 못하고 있다. 주일에 시간 일부를 할애해서 아이들을 맡아서 돌보는 정도에 그치고 있지 않는가.

교회교육을 위해서는 준비된 교원이 확보되어야 한다. 그러나 그러한 교사를 양육하는 교역자의 역할 또한 중요하다. 오랫동안 교회교육의 중요성을 알고, 관심을 가져오던 한 장로님이 교회교육의 앞날을 걱정하며 이런 말을 한 적이 있다. "교사도 중요하지만, 교사를 양육하고 지도해야 할 교역자의 잦은 이직이 더 큰 문제입니다. 교육전담 교역자를 전문적으로 양성하기 위해서는 무엇보다 이들을 일반 학교 교원의 수준까지 확보하는 것이 중요하지 않을까요?"

장로님의 말이 맞다. 교역자는 주님께서 맡기신 직분에 순종하고 헌신하는 삶을 살아야 하지만, 이들 역시 일반 성도들과 마찬가지로 일상을 살아가야 하는 생활인이다. 그래서 자신의 삶을 둘러싼 현실적인 문제 앞에서 고민하게 된다. 교역자에 대한 문제는 둘째 치더라도 학생들과 직접 만나고, 교사의 역량을 통해 제자를 양육하며, 교회학교를 운영하는데 최일선의 역할을 하는 교사의 수준은 어느 수준이 되어야 할까?

다음세대에게 가장 직접적인 영향을 미치는 사람은 바로 교사이다. 다시 말해 교사의 수준이 곧 교회학교의 수준이 된다는 말이다. 10년 후에 교회학교 없는 한국교회를 걱정한다면 지금 우리가 할 수 있는 일에 최선을 다해보자. 교회학교의 경쟁력을 위해 우수교원을 확보해보자. 하나님은 사람을 통해 일하시고, 사람은 주님이 주신 마음으로 다음세대를 일으킬 수 있다. 한국교회는 그 어떤 걱정보다도 사람을 세우는 사역에 집중하며 매진하는 자세가 필요하다. 이를 위한 몇 가지 방안을 소개하고자 한다.

첫째, 교회학교에 교육사 제도를 활성화시키자. 각 신학대학과 신대원에서 성경과 기독교세계관을 기초한 교육을 탐구하여 공동체에서 교육에 헌신할 교육전문가로 양성시키는 기독교교육학과 졸업생들을 활용하자. 교육은 교육전문가가 맡아야 한다. 교회학교 교육은 말씀선포만으로 구성된 것이 아니라면 이제는 성경을 근거로 평생교육과 체계적인 발달 단계적 교육을 고려한 교육과정을 구성하여 운영할 수 있게 하자. 더 나가서는 기독교교육학과 졸업생들이 취득하는 교직 외에 '교회학교 교육사' 자격제도를 신설하여 교육전도사, 교육목사로 전문화를 꾀할 수 있을 것이다.

둘째, 전임교사제도를 도입하자. 자원봉사로 생각하는 일반교사만으로 교육의 지속성과 안전성, 전문성을 확보할 수 없다. 이는 교육을 담당했던 담당자들이라면 알고 있는 사실이다. 해결할 수 없는 문제로만 여기지 말고 이를 해결해보자. 교회학교를 위해 묵묵히 수고해주신 분들을 평가절하하고 싶은 마음은 추호도 없다. 그러나 다변화된 다문화 사회 속에서는 극단적 이기주의와 입시문제 그리고 청소년인권존중이라는 수많은 교육적

환경의 변화를 능동적으로 대처하며, 교육의 패러다임을 확립시켜 지속적으로 교육을 이끌어나갈 준전문가 그룹이 필요하다. 그래서 교회학교 전임교사제도의 정착을 강력히 주장한다. 전임교사제도란 토요일과 주일을 주일학교를 위해 전임 사역하는 준전문인력을 말한다.

교회학교 지도자들의
새해맞이는?

매년 새해가 되면 많은 사람들이 새로운 해의 처음으로 떠오르는 해를 보기 위해 부산과 강릉으로 모여든다. 새로운 마음으로 한해를 어떻게 살아가겠다는 자기 결심과 함께 변화를 시도해 보기 위한 노력일 수 있다. 그렇다면, 우리 크리스천의 새해맞이는 어떻게 해야 할까? 교회학교 지도자로서 자신이 가져야할 마음가짐에 대해 고민하며, 성장하기 위해 묵묵히 걸어가는 이들이 새로운 마음을 맞이할 수 있기를 소망해본다. 특별히 교회학교 지도자들이 새해를 맞이하면서 함께 고민해야 할 사역 몇 가지를 나누고자 한다.

첫째, 변화의 목표를 세워야 한다. 우리가 수 년 동안 교회학교 지도자로서 사역을 감당하면서도 여전히 고쳐지지 않는 것들이 있다. 예배에 나와 찬양하고 기도하고 말씀을 듣는 사람들은 비록 믿음이 약하다 할지라도 벌써 그 마음에 성령이 강하게 역사하신다. 그래서 성령의 음성에 예민하게 반응하게 되고 신앙의 양심이 작동한다. '난 이래서는 안 되는데' '이것은 이렇게 고쳐야 하는데' '내가 이것을 고치지 않으면 신앙생활을 바로 할 수 없는데' 등 여러 가지 마음들을 나름대로 느끼게 된다.

이것은 성령이 우리에게 가르쳐 주시는 것으로 매우 중요한 부분이다. 이런 마음이 들 때 고쳐야 한다. 그리고 변화해야 한다. 교회학교에 대해서도 이와 같이 부족함을 알게 하시는 성령님께 묻고 변화를 시도해야 한다. 그렇지 않으면 하나님의 마음에 합당한 사역이 되지 못한다. 변화란 무엇인가? 하나님의 마음에 합하지 못한 것을 찾아서 수정하거나 제거하는 것이 바로 변화이다. 이것은 회개라는 말보다 훨씬 더 광범위한 말이다. 교회학교 지도자들에게 '지금' 그리고 '반드시' 변화를 가져와야 할 것이 무엇인지 성령님께 묻고 생각해 보기를 바란다.

둘째, 성장의 목표를 세워야 한다. 교회학교 현장에서 발전해야 할 것들이 많다. 그런데 대부분의 교회에서는 교회학교 보단 교회 재정을 책임지는 장년부 관리에 더욱 힘쓰고 있다. 만약 자식이 제 때 성장하지 못한다면 그 자녀는 부모에게 근심이 될 것이다. 그와 같이 우리 교회학교도 제때 성장할 수 있도록 보살피고 돌봐야 할 것이다. 하나님께서 우리를 부르셔서 자녀로 삼으셨는데, 성장해야 될 부분들이 10년, 20년 그대로 남아 있다면 이것은 하나님을 슬프게 하는 것이다. 그런 사람은 하나님의 마음에 합할 수 없다. 교회학교의 성장은 숫자적 성장만을 이야기하는 것이 아니다. 내적성장과 체계적인 훈련 또한 성장의 일부분이다.

"오직 사랑 안에서 참된 것을 하여, 범사에 그에게까지 자랄지라"

(에베소서 4:15)

예수님을 닮는 사람은 예수님처럼 되기 위해 계속 자라야 한다고 성경은 말씀하고 있다. 우리가 섬기는 교회학교 역시 이와 같이 성장해야 한다. 그 성장을 위한 구체적인 목표가 있어야 한다. 대한민국의 모든 교회학교는 해마다 성장하는 은혜를 경험하길 바란다.

셋째, 헌신의 목표를 세워야 한다. 헌신이란 하나님께서 기뻐하시는 일을 하기 위해 매일 신실하게 사는 삶을 의미한다. 교회학교에서 단순하게 봉사하라는 의미가 아니다. 하나님의 사역을 기쁨으로 감당할 수 있는 헌신의 목표는 매우 중요한 덕목이다. 헨리 나우웬의 말을 빌리면, 헌신은 가장 위대한 도전이요, 매 순간마다 결정해야 할 신실한 삶을 의미한다. 그는 덧붙여 말한다. "당신이 먹고 마시고 일하는 것이 더 이상 하나님의 영광을 위한 것이 아니라면 지금 당장 그만두어야 합니다." 곧 모든 것을 하나님의 영광을 위해서 드리고자 하는 신실한 자세가 바로 헌신인 것이다. 위대한 종교개혁자 존 칼빈도 비슷한 말을 했다. "주님께서 우리를 구원하신 목적이 어디에 있는지 아십니까? 예수님은 우리가 우리 자신과 모든 지체를 당신께 거룩하게 드리게 하기 위해서 우리를 구원하셨습니다." 그래서 구원받은 우리는 내 것이 하나도 없다. 모두가 하나님의 것이다. 그러므로 하나님의 영광을 위해 드려야 한다.

지금 우리는 눈앞의 이익과 즐거움의 얕은 물결에 의해 흘러가고 있지는 않은지를 돌아볼 필요가 있다. 교회학교는 주님 안에서 다시 회복되어야 하며, 하나님께서 이 땅에 다음세대를 통해 반드시 부흥케 하신다는 믿음이 있어야 한다. 우리는 그저 뜻을 잃어버리고 무작정 '세월'이란 바람에 몸을 의지하지 않았으면 한다. 주님이 주신 마음으로 주님의 뜻을 이루고 살기 위하여 앞에서 제기한 목표를 끝까지 지켜낼 수 있기를 소망해 본다.

신입생과 새친구를 위한 관심이
교회를 성장시킨다

다음세대 사역을 시작하면서 교육대상자인 아이들을 어떻게 관리해야 할까? 교회학교의 단계적 성장과정을 이야기할 때 새로 진입하는 신입생의 안정적인 정착이 당해 교회학교를 운영하는 당락을 결정한다는 이야기가 있다. 아이들을 잘 관리하면 아이들이 교회학교에 안정적으로 정착하도록 도울 수 있다. 그러기에 아이들을 관리하는 것은 다음세대 사역에 있어 가장 중요한 문제로 볼 수 있다. 한국교회 교회학교는 상급학교 진학을 매년 1월에 실시한다. 이는 교회학교 특히 초등학생에서 중학생이라는 엄청난 변화를 경험하게 되는 중학교 1학년 신입생과 처음 교회에 온 신입생을 위해서 매우 전략적인 계획이 필요하다. 따라서 보다 효과적인 계획수립을 위해 다음과 같이 몇 가지 생각해 볼 문제들을 정리해 보고자 한다.

1. 신입생과 새친구들에 대한 잘못된 생각을 수정하라

신입생과 새친구를 관리하는 것에는 약간의 차이가 있지만, 이들을 향한 관심은 신입생과 새친구가 교회학교에 뿌리를 내리고 잘 정착할 수 있도록 돕는다. 이를 잘 실행하기 위해서는 교회학교 집행부와 교사들 모두의 힘이 합쳐져야 한다. 그러나 교회학교의 실상은 생각보다 많이 다르다. 신입생 관리는 편하기 때문에 자주 빠지는 교사나 초임교사가 맡으면 된다는 생각이 지배적이다. 그래서 신입생과 새친구에 대한 특별한 관리가 없다. 신입생과 새친구의 50~60% 정도는 그냥 내버려둬도 정착하며 성장할 수 있다는 잘못된 생각과 함께 이들에 대한 책임은 전적으로 담당교사에게만 돌리고 있는 것이 실정이다. 또는, 신입생-새친구는 기존 아이들과 자연스럽게 교제를 나눌 수 있으며, 기존의 모임과 소그룹으로도 이들을 효과적으로 정착시킬 수 있다는 생각 때문에 오히려 신입생-새친구가 교회에 정착하지 못하게 한다는 사실을 간과하고 있다.

이를 해결하기 위해서는 신입생-새친구에 대한 잘못된 생각을 바꾸고, 교회 문화에 적응할 수 있도록 돕는 시스템을 만들어야 한다. 예배문화와 낯선 사람에 대한 두려움이 크게 지배적이기 때문에 이들을 위한 누군가의 도움이 반드시 필요하다. 교회생활에 대한 안내와 이들을 환대해 줄 수 있는 프로그램이 필요하다. 그러므로 신입생-새친구의 관점에서 바라보는 것이 매우 중요하다. 신입생-새친구의 감정을 가지는 것과 새친구가 가장 필요로 하는 것이 무엇인가를 파악하는 것이 우선이며, 교회의 첫인상이 부담 없고 교회답게 다가갈 수 있는 방법을 찾는 것이 매우 중요하다. 특별히 신입생-새친구의 입장에서 예배를 점검하자. 신입생-새친구가 적응할 수 있도록 돕는 프로그램을 구성하자.

2. 신입생-새친구의 유형을 구분하라

　　신입생-새친구가 초신자인지, 기존에 교회는 다녔으나 하나님을 만나지 못한 친구인지, 아니면 은혜를 경험한 친구(이전 학년에서의 영적 경험과 이전 교회에서 불가피하게 온 경우)인지를 구분하는 것이 중요하다. 유형에 맞는 단계별 교육과 개별화 전략을 통해 신입생-새친구가 정착할 수 있도록 도와야 한다. 이것은 이들의 성장뿐만 아니라 교회학교 성장을 위한 매우 중요한 요소이다. 유형을 구분하여 담당교사를 교회에 최고 멋쟁이 선생님으로 배치하는 것도 좋은 방법이다.

3. 신입생-새친구 정착을 위한 네트워크를 준비하라

　　신입생-새친구를 정착시키는 것은 교사 혼자서는 불가능 하다. 교회학교 조직을 통해 신입생-새친구 정착 네트워크를 형성해야 한다. 담당교역자는 설교와 심방 중심으로, 예배인도자는 사랑으로 이들을 위한 격려와 돌봄을, 중·고등부 임원 및 반 친구들은 보다 친밀한 교제를 나누며 서로에 대한 관심을 적극적으로 표현해야 한다. 더욱 중요한 것은 새신자반 담당교사 또는 담임교사가 성경공부 및 양육 단계를 철저하게 준비해서 이들을 돌봐야 한다. 교회학교 담당교역자는 보다 효과적으로 정착할 수 있도록 팀(동아리) 활동과 다양한 프로그램(봉사활동, 수련회, 야유회, 학교별모임)을 효과적으로 배치하여야 한다.

4. 처음 출석하는 주일에 마음 사로잡기

신입생-새친구의 정착에 큰 영향을 미치는 것은 환경적으로는 설교, 분위기, 위치, 구성원이며 특별히 성령님의 인도하심에 달려있다. 담당교역 자의 설교가 재미있고 생명력이 넘치며 구성원들에게 영향력이 있는가? 예 배 분위기는 축제같이 기쁘고 즐겁고 편안한가? 구성원들은 명랑하고 친절 한가? 교회에 오는 교통과 위치는 어떠한가? 눈높이에 맞춘 프로그램을 개 발하여 구성원들이 적극적으로 참여하고 있는가? 등의 질문을 던져보면 확 인할 수 있다. 신입생-새친구가 처음 출석하는 주일, 그들의 마음을 사로잡 을 수 있는 개교회만의 전략을 세워보라.

여기서 한 가지 팁을 소개한다. 신입생-새친구가 첫 주일에 나왔을 때 환영식을 하는 교회학교가 아직도 있다. 개인적으로는 이에 반대한다. 청소 년들의 심리 특성상 첫 방문에서 모두에게 보이도록 자리에서 일어나거나 강대상 앞으로 나가 수많은 또래 친구들의 환영 찬송을 듣는 것은 부담스러 운 경험이 될 수 있다. 물론 성격에 따라 이를 좋아하는 청소년도 있을 수 있 지만 대부분의 청소년은 부끄러워하거나 창피함을 느낄 수 있다. 그러므로 첫 환영식을 민망하게 하기 보다는 자연스럽게 하는 방식을 찾아보는 것은 매우 중요하다. 예를 들어 신입생-새친구가 오는 날은 교사가 미리 준비한 과자를 한 봉지씩 모아 그 친구에게 선물로 주는 것은 어떨까? 신입생-새친 구가 부담을 느끼지 않으면서도 소심한 성격의 아이도 반길 수 있는 다양한 방법을 찾아보길 권한다.

아이 하나를 키우는 데는
마을 전체가 필요하다

최근 들어 많이 발생하는 청소년 강력범죄를 살펴보면 평범한 가정의 아이들까지 가해자로 노출되어 있음을 알 수 있다. 최근 서울에서 일어난 친구를 4일간 감금하고 집단폭행해 결국 죽음으로 내몰고 한강에 시체를 유기하는 사건을 보더라도 가정과 사회에서 방임된 청소년이 강력범죄에 무방비로 노출될 것이라는 우려가 현실로 나타났다. 이들 대부분이 정서적 방임을 당한 기억이 있고, 학업중단 상태였다.

이집트 파피루스 기록에도 나올 정도로 청소년 문제는 어제 오늘의 일이 아니다. 그러나 최근의 청소년 범죄가 문제되는 점은 범죄를 저지르는 청소년의 연령이 점점 낮아지고 있으며, 범죄의 정도도 점점 잔인해진다는 사실이다. 죄책감과 책임의식이 결여된 이들은 어쩌면 법의 통제 밖에 서있는

지 모른다. 'MZ세대'로 불리는 이들 이면에는 'B세대'가 자리 잡고 있다. B는 Bomb로 '폭탄'을 의미하며, '1315' 즉, 13세에서 15세 사이의 중학생 청소년들을 지칭한다. 언제 터질지 모르는 시한폭탄 세대라는 거다.

아무리 청소년 문제가 심각해졌다고 해서 아이들을 포기하거나 이러한 문제를 수수방관해서는 안 된다. '한 아이를 키우는데 한 마을이 필요하다'는 아프리카의 속담처럼, 한 마을이 B세대를 품어야 한다. 한 마을을 '삶의 공동체'로 지칭한다면 한 아이가 어른으로 성장하는 데 있어서 가정과 교회 그리고 이웃의 중요성은 그 아이에게는 그 마을이 전부요, 아니 삶 전체라는 경험적 사실을 가지고 설명해야 옳을 것이다. 아이는 그의 삶의 전부를 이루고 있는 마을에서 삶에 필요한 모든 것을 배우고 익힌다. 그가 배울 것은 기술이나 지식이 아니라 삶을 긍정하고 맑은 눈으로 바라보는 법, 차별 없이 사람을 대하고 하나님 앞에서 겸손하게 사는 법과 같은 것이다. 다시 말해 건강하고 올바르게 사는 법을 배우는 것이다.

작가이며 교육학박사인 베티 B.영이 쓴 책 『아이 하나를 키우는 데는 마을 전체가 필요하다』에는 미국 아이오와주의 시골 마을에서 성장하면서 보낸 저자의 유년의 기록이 담겨 있다. 이 책에서 이야기하는 바는 한 아이의 신앙을 성장시키는데 마을을 형성하고 있는 교회 전 기관이 함께 해야 한다는 것이다. 이와 마찬가지로 대한민국 교회학교 역시 아이 한 명의 신앙을 키우기 위해서는 교회 전체가 필요하다는 사실을 기억했으면 한다. 이제는 더 이상 예산과 성인교육 우선주의에 밀려서는 안 된다.

학교도 국가도 아동과 청소년 교육의 중요성을 정책적으로 말하고 있는 현실 속에서 한국교회가 해야 할 가장 중요한 사역은 "다음세대를 위한 교육과 재정적 투자"라 할 수 있다. 그래서 다음과 같이 제안하고자 한다.

첫째, 한국교회는 교회학교와 다음세대를 위하여 전문 교회학교 교사 제도를 실시하여야 한다. 교육의 질은 교사의 질과 무관하지 않다. 더 이상 전문신앙교육을 아르바이트 교사, 자원 봉사자 교사 등의 전문성이 부족한 아마추어 교사에게만 의존해서는 안 된다. 교육의 양면성인 유익함과 재미있는 학습은 교사의 전문성을 통해서 나올 수 있는 전문분야다. 교회학교 교사의 30% 정도를 전문교사로 확충하는 것이 바람직하다. 전문교사란 기독교교육학을 전공한 교사와 일정기간 소정의 교회학교 전문교육을 이수한 교사자원을 의미한다.

둘째. 한국교회는 교회학교와 다음세대를 위하여 교회 재정의 20% 이상을 교육비로 배정하여야 한다. 사회에서도 '사회적 비용'이라는 표현을 사용하고 있다. 성인이 되어서 교육을 실시할 때 사용되는 경비보다 아동이나 청소년시기에 투자되었을 때 소요되는 경비가 그 절반 이하의 경비로 가능하다는 말이다. 교회교육도 마찬가지다. 진정한 기독교인으로서 신앙교육과 교리교육은 어릴수록 그 효과는 증대될 수밖에 없다. 교회학교 시설과 위치 그리고 교재와 기자재 다음이라는 용어를 사용하지 말고 교회에서 가장 우선적으로 투자할 부분으로 선정하여야 한다.

마지막으로 한국교회는 교회학교와 다음세대를 위하여 교육전담 교역자제도를 신설하여야 한다. 교회학교 담당교역자가 교회학교를 성인 목회를 위한 전초기지요, 연습을 위한 목회지로 생각하는 지도자는 없을 것이다. 하지만 교회 현실은 아직도 부교역자에 성인 목회중심의 사역의 한 과정으로 치부되고 있는 것 또한 사실이다. 1년에서 2년간 단기간 사역으로 교육을 말할 수 없고 교회학교를 말해서도 안 될 것이다.

앞으로 20년이 지난 후에도 여름성경학교와 수련회에 수많은 아이들이 뛰어 놀며 하나님의 말씀을 배우는 모습을 상상하며, 수련회 현장으로 떠나는 사역자의 메아리 같은 울림에 소리를 기울여 주길 바란다.

MZ세대를 향한
부흥전략

대한민국 곳곳에서 두각을 나타내고 있는 이들이 있다. 바로 MZ세대이다. 이들의 가장 큰 특징은 자신이 원하는 것을 이루려는 목적의식이 강하며, 자신이 원하는 일을 즐기면서 한다는 점이다. MZ세대의 시작은 몇 해 전 동계올림픽에서 찾아볼 수 있다. 남자 스피드 스케이팅 500m에서 금메달을 딴 모태범 선수의 나이키 스우시 모양의 피어싱이 화제가 된 적이 있다. 그는 귓불에 피어싱을 하고 다닐 정도로 자유분방하지만 훈련 일정만큼은 철저하게 지켰다고 한다. 과거 국가대표 선수들은 금메달로 가난의 설움을 날려 버리겠다는 헝그리 정신과 국가를 위해 금메달을 따야 한다는 애국심으로 무장했다. 덩치 큰 외국 선수들에게 주눅 들기도 했다. 금메달을 따도 한(恨)에 맺혀 울었고 금메달을 놓쳐도 통곡했다.

그러나 요즘 국가대표팀을 보면 MZ세대의 개념이 이전과 변화된 모습을 알 수 있다. 헝그리 정신은 '즐기자'로, 애국심은 '나를 위해 최선을 다하자'로, 주눅은 '자신감'으로 바뀌었다. 자신의 목표를 위해서는 종목을 바꾸는 도전 의식도 있었다. 금메달을 따면 막춤으로 기쁨을 표시했고 기대주가 메달 권에 들지 못해도 웃음으로 다음을 약속했다. 좋아서 하는 운동과 충만한 자신감으로 올림픽을 즐기는 도전 정신이 더해져 금메달 잔치를 펼친 것이다. 이들 세대가 주축이 된 아이돌들과 인기그룹 대부분이 자발적으로 연예계 진출을 꿈꿨기에 혹한 연습에도 견뎌낼 수 있었다.

바로 이런 세대가 한국교회의 교회학교에도 주역으로 등장하고 있다. 빠르게 변화하고 성장하는 기업들은 이들을 '미래 주역'으로 간주하고 고객과 신입사원으로 적극적으로 대처하고 있는 반면, 한국교회의 대응은 더디기만 하다. 아니, MZ세대에 대한 이해 자체가 없다고 볼 수 있다. 아직은 한국교회가 MZ세대를 현실적으로 인식하거나 경험하지 못하고 있는 것은 아닐까 싶다. 사회 변화에 대한 교회의 늦은 대응을 지적하지 않을 수 없다.

한국교회의 부흥을 위해서는 MZ세대에 대한 이해가 필요하다. MZ세대의 특징은 긍정의 마인드가 강하며 자신이 속한 것에 대한 소속감에 대한 자부심, 세계 도전의 욕구가 있다. 그들은 개인주의가 강하며 현실주의적이다. 이러한 특징을 가진 MZ세대는 이제 이 세상을 움직이는 주역이 될 것이다. 그렇다면 한국교회는 이 세대를 이해하고, 그들에게 맞는 교회학교 전략 및 전도 전략을 수립할 필요가 있다. 필자는 MZ세대를 위한 전략들을 다음과 같이 제안하고 싶다. 부디 MZ세대를 통한 한국교회와 교회학교의 부흥을 꿈꾸는 교사가 되기를 소망한다.

첫째, 그들의 세계 속으로 찾아가야 한다.

기성세대와 한국교회는 이제 달라진 세대, 그들만의 공간으로 들어가야 할 것이다. 과거에는 한 끼 식사만으로 관계형성이 가능했던 것과 달리 MZ세대는 개별적인 접근이 어려워 일대일 양육이 쉽지 않다. 이 세대는 그들만의 공동체 속으로 깊이 참여하여 그들이 속한 현상에서 기독교문화를 형성하고 예수 그리스도의 제자화를 삶을 통해 보여주는 것이 매우 중요하다. 더 이상 말로 전하는 복음이 아니라 삶으로 가르치며, 삶으로 보여주는 행동하는 복음만이 이 세대를 주님 앞으로 이끌 수 있다.

둘째, 삶으로 보여주는 신앙이 필요하다.

N포 세대와도 통하는 이들 세대가 취업과 진로 등의 문제로 스스로 신앙공동체에 나오더라도 '삶' 속에서의 예수 그리스도를 믿는 것이 무엇인지를 보여주지 않는다면 전도가 쉽지 않다는 얘기다. MZ세대를 담당하고 있는 현장 사역자들은 "교회가 이들 세대에게 복음을 전하기 원한다면 먼저 '진실한 마음'과 열린 신앙공동체 형성이 필수적"이라고 설명하고 있다. 징검다리선교회에서 청소년 사역을 감당하고 있는 임우현 목사는 X세대(1962년생~1982년생)다. 임목사는 "전략은 누구나 세울 수 있지만, 중요한 것은 '누가' 사용하느냐의 문제"라며 "이들을 위해 '삶'에서 예수 그리스도를 믿는 것이 무엇인지를 보여주고 그렇게 살도록 돕는 것이 바로 가장 중요한 사역의 이유"라고 강조하고 있다.

셋째, MZ세대 선교전략은 달라야 한다.

변화무쌍한 이유로 MZ세대에 대한 교회의 선교전략 역시 달라야 한다. MZ세대의 특성상 신앙공동체 구성 역시 온·오프라인 모두 적용 가능하다. 시스템은 비교적 쉽게 변화시킬 수 있지만 삶의 변화는 단시간에 되지 않기 때문에 사역자와 한국교회 모두 이 세대 청소년과 청년들을 향한 인내가 필요하다. 쉽게 열매가 나오지 않는 청소년, 청년 사역의 특성상 교회가 지속적인 인내의 모습을 보여주지 않는다면 MZ세대의 부흥은 어렵다. 성공적인 사역을 위해서는 교회와 교회 지도자들이 이 세대의 청소년과 젊은 이들의 열정을 담을 수 있는 사역공동체 형성을 지원해 주고 스스로 사역에 주체가 될 수 있도록 지지해 주어야 할 것이다.

교회학교 안,
작은 교회를 세우자

교회학교를 더 이상 이대로 두면 안 된다. 이러한 진단은 어제 오늘 내려진 것이 아니다. 멀리는 70년대 말부터 가까이는 2000년대에 들어서면서 심각하게 대두되었다. 그러나 안타깝게도 많은 교사와 목회자, 교회 지도자들이 이러한 진단에 뼈아프게 공감하면서도 교회에서는 아무런 변화가 일어나지 않고 있다. 오히려 상황은 더욱 악화되고 있다. 특히 2007년부터 시행된 '주 5일 근무제', 2008년부터 시행된 '노는 토요일', 그 이후 실시된 '주 5일제 수업'은 변화의 축이 되고 있다. 이제 자칫 잘못하면 교회학교가 더욱 침체되고 나아가서는 고사될 것이라는 우려가 고개를 들고 있다. 교회학교에 대한 위기에 대한 걱정보다는 변화를 위해 무엇인가 시작해야 할 때이며 이제는 움직여야 한다. 더 이상 교회학교를 이대로 놔 둘 수만은 없다.

당장 지금부터 시작할 수 있는 교회학교를 살리는 변화 몇 가지를 대안으로 제시해 본다.

첫째, 의식 변화를 가져 보자. 특히 교회학교를 교육기관이 아닌 교회
학교 안의 작은 교회로 바라보아야 한다. 우선 학생들을 피교육자가 아니
라 교회를 세우는 교인이요 하나님의 나라 백성으로 바라보는 시선이 필
요하다. 그래서 교육만 중시하는 것이 아니라 청소년 목회 전반적인 배려
를 하자는 것이다. 예배도 중요하게 생각해야 하고 심방도 하고 목회상담
도 하고 교회가 교인들에게 해줄 수 있는 모든 것을 다음세대들에게 제시
해야 한다. 다음으로 교사를 교육자가 아니라 아이들과 함께 신앙공동체를
세워가는 산파(産婆)로 바라보자. 즉, 청소년 교인을 섬기는 작은 목회자가
될 수 있도록 유도하며, 아이들과 함께 예배와 모임, 다양한 활동들을 기획
하고 실천해 보자.

둘째는 구조 변화를 시작해 보자. 예배와 분반공부라는 2중 구조를 3
중 구조로 바꾸는 것을 권하고 싶다. 바로, '예배-소공동체-사역팀'의 구조
이다. 주일예배는 매주 다함께 모여 드리고, 소공동체는 산파인 교사와 함
께 일방적인 교사 위주의 주입식 교육이 아니라 참여식 나눔의 시간과 교제
가 함께하며 기도가 어우러진 모임으로 주일예배 후 또는 주중에 편리한 시
간에 매주 갖는다. 그리고 사역팀은 아이들이 적극적으로 다양한 사역에 참
여하는 팀 형태의 모임이다. 이것은 주일예배 후나 토요일, 매주 또는 격주
아니면 형편에 따라 다양하게 모일 수 있다.

셋째는 새로운 주말기획 프로그램을 준비해 보자. 이 프로그램은 크게

네 가지 형태로 생각해 볼 수 있다. '주말 디다케 모임', '열린 강좌', '동아리 모임', 'MT 모임'이 그것이다. 우선 '주말 디다케 모임'이란 주일에 다 할 수 없는 신앙훈련을 주말에 특별반을 만들어서 운영하는 형태를 말한다. 예를 들면, 어린이 제자훈련반, 청소년 리더훈련반과 같은 프로그램이다. 학기제로 한 학기당 10주 또는 12주 정도의 커리큘럼을 만들고 단계별로 구성하여 운영하는 모임을 말한다. 여기에 기존의 '어와나' 또는 '청소년 알파'와 같은 프로그램을 이 형태로 도입하여 사용할 수도 있다.

'열린 강좌'는 특기적성을 위한 문화강좌 프로그램이다. 영어 회화반, 성악반, 악기반, 컴퓨터반, 논술반, 댄스반, 힙합반 등과 같이 아이들에게 필요한 강좌를 제공하는 프로그램을 말한다. 전문 인력을 강사로 초빙하고 실비의 금액을 수강료로 받아서 문화강좌 형태로 운영할 수 있다. 교회 안에서 다음세대 교육의 장이 개설된다면 아이들과 교회가 공존하는 공간이 더 늘어날 것으로 볼 수 있다.

'동아리 운영'이란 토요일이나 주일 오후에 전문성을 지닌 교사들의 지도 아래 다양한 신앙 교육적 차원의 동아리를 결성하여 운영하는 형태의 프로그램이다. 예를 들어 영어 성경 읽기팀, 찬양팀, 멀티미디어팀, 연극팀, 스킷팀, 축구 선교팀, 지역봉사팀 등의 프로그램을 말한다. 아이들의 관심사를 조사해서 자원하는 아이들을 중심으로 구성하여 운영할 수 있을 것이다.

'MT(Membership Trainning) 모임'이란 연중 2회 진행되던 수련회와 캠프를 평상시에도 형편껏 확장하는 모임을 일컫는다. 예를 들자면 동계수련회는 집중적인 성경공부 커리큘럼을 중심으로 구성하고, 하계수련회는 영성훈련이나 현장체험, 농촌봉사와 같은 활동적인 커리큘럼으로 구성해볼 수 있다. 이와 같이 평상시 2회~4회 정도의 주말 프로그램을 다양하게 구성해보길 권한다.

교회학교를 살리기 위해서 가장 중요한 것은 고민만 하고 있는 행동을 당장 멈추어야 한다는 것이다. 이제 더 이상 주저하지 말자. 그리고 시도해 보자. 지금 바로, Hear and now.

청소년교육과
절기교육의 부활

교회력에는 '사순절' 절기가 있다. 사순절(四旬節)은 대속사역을 이루기 위해 그리스도가 겪으신 고난과 부활을 기억하며 부활절 전 40일간(부활주일부터 거슬러 올라가기 시작해서 주일을 뺀 40일, 부활절로부터 46일전)을 경건하게 보내면서 신앙의 성장과 회개를 통한 영적훈련의 시기이다. 나의 죄를 대속하기 위해 십자가에 달려 고난당하신 예수 그리스도의 죽음을 묵상하는 시기이다. 특별히 사순절 절기가 시작되는 날은 '재의 수요일' 또는 '참회의 수요일'이라 불리며, 사순절 절기의 마지막 주일이자 부활주일 전 주일을 '종려주일(棕櫚主日)'이라 부른다. 종려주일 이후 일주일을 '고난주간' 또는 '수난주간'으로 지키고 있다. 그리고 기독교 최대 명절인 '부활절'이다. 어떻게 보면 그리스도인의 1년간의 삶의 여정 가운데 사순절부터 부활절까지의 절기는 가장 의미 깊고 소중한 기간이다.

그러나 언제부터인가 교회학교는 절기를 행사위주의 이벤트로 바꿔 버렸다. 문화를 통한 접근도, 교육을 통한 변화도 없이 부활절에는 달걀을, 추수감사절에는 떡을 의당 나눠주는 형식에 치우친 것은 아닌지 반성해 봤으면 좋겠다. 의미가 사라진 절기지킴은 형식도 교육도 더 나아가 기독교적 추억도 모두 사라질 수밖에 없다.

교회절기를 담은 교회력은 일종의 기독교 달력이며, 그리스도인의 신앙과 삶에서 매우 중요한 역할을 차지한다. 교회력에 따른 절기를 통해 우리는 기독교인의 삶을 누리게 되고 진리를 배우며 예수 그리스도를 더욱 알게 된다. 성경과 설교말씀을 통해 진리이신 예수 그리스도를 배우기도 하지만 교회력 절기만큼 전면적으로 주님을 묵상하는 기회가 없을 것이다. 그러므로 다음세대를 위한 교육에서 '절기교육'은 무엇보다도 우선시 되어야 하는 가장 중요한 교육이다.

우리 자신의 신앙을 위해서도 다음세대의 신앙교육을 위해서도 절기교육은 매우 소중하게 다뤄져야 한다. 예수 그리스도의 탄생과 고난과 십자가의 죽음, 그리고 부활, 성령강림과 교회의 탄생 등 예수 그리스도와 관련된 것이 절기교육을 통해 다뤄진다. 다음세대의 교육핵심은 바로 예수 그리스도에 있다. 이벤트로 변모한 절기교육이 아니라 바른 신앙관을 심겨줄 수 있는 절기교육은 반드시 교회학교에서 실시되어야 한다. 추수감사절이나 어린이주일, 어버이주일은 미국 기독교의 영향 아래 자리 잡은 것이기에 교육을 한국의 상황에 맞게 문화 화하는 작업 또한 교회학교의 몫이다. 각각의 절기는 다음세대로 하여금 감사와 순종 그리고 부모공경 등 성경의 진리에 주목하면서 함께 기뻐하고 즐기는 축제로 삼을 수 있다.

사순절 절기는 40일 금식과 시험 뒤 나귀새끼를 타고 예루살렘성에 입성하심을 기념하는 종려주일과 예수님이 당하신 고난과 십자가의 죽으심을 깊이 묵상하는 고난주간을 기념하는 기간이다. 앞으로 맞이하는 한 주 한 주를 경건하고 거룩하게 보내면서 주님을 묵상할 때, 십자가 구속의 진리와 예수 그리스도의 성품을 깊이 깨닫게 되며 그리스도와 더욱 연합하게 되는 복을 얻게 될 것이다. 다음세대들에게 의미 있는 사순절과 부활절(Easter)을 맞이하여 그 날을 기뻐하며 누릴 수 있는 절기교육이 교회학교에서 다시 살아나길 소망해 본다.

　　겨울이 지나고 봄이 찾아오는 사순절 기간인 이 때, 부활절을 통해 죽음이 아닌 부활의 생명을 누려보길 소망한다. 부활절은 단순히 계란 먹는 날이 아니다. 그리고 고난주간은 그저 한 끼 밥을 굶고 간식을 먹지 않는 것으로만 끝나서는 안 된다. 체계적인 절기교육을 통해 '부활절'은 그리스도의 살아계심을 온 몸으로 경험하고 증언하는 날로 승화시켜야 한다. 다음세대에게 고난을 지나 부활의 감격을 경험하는, 새로운 출발을 선포할 수 있는 날로 부활절을 보낼 수 있길 소망한다. 한국교회의 교회학교가 교회력과 함께 배움을 얻고 성장할 수 있는 절기교육을 실천할 수 있게 되길 희망한다.

　　한국교회 교회학교에는 교회 절기교육을 활용한 프로그램이 필요하다. 교회학교의 교육은 학습자들의 성장 발달 단계에 잘 맞는 교육과정과 프로그램을 통하여 우리의 삶 가운데 임재하시는 하나님의 뜻과 섭리를 느끼고, 경험할 수 있도록 도와야 하는 과제를 안고 있다. 결국 발달단계별 교육활동 프로그램은 하나님 안에서 자기 자신이 누구인지, 이웃과 모든 창조물들 속에서 나의 소명과 역할을 깨달아 알게 하는 중요한 교육방법이다. 특별히 절기교육을 통해 다음세대의 부흥과 교회의 성장이 일어나길 소망한다.

다음세대의 영적성장을 위한
절기교육, 사순절과 부활절

교회학교의 교육은 학습자들의 성장 발달 단계에 잘 맞는 교육과정과 프로그램을 통하여 우리의 삶 가운데 임재하시는 하나님의 뜻과 섭리를 느끼고, 경험할 수 있도록 도와야 하는 과제를 안고 있다. 결국 발달단계별 교육활동 프로그램은 하나님 안에서 자기 자신이 누구인지, 이웃과 모든 창조물들 속에서 나의 소명과 역할을 깨달아 알게 하는 중요한 교육방법이다.

유진 피터슨(Eugene H. Peterson) 목사는 Working the Angles에서 교회가 갖는 경건훈련의 프로그램이자, 목회의 바람직한 형태로 기도(Player), 성서(Scripture), 영적지도(Spiritual direction)를 권면한다. 이는 절기교육에서도 빼놓을 수 없는 영역이다. 다음세대 예배에 재미를 느끼지 못하는 아이들에게 형식적인 신앙교육이 아니라, 삶과 밀접하게 연결된 절기교육을 제시할 필요가 있다. 특별히 '예수님의 고난과 부활'을 가르치는 것이 기독교교육의 핵심이며, 신앙적 체계를 세우는데 매우 중요한 과정이 된다.

첫째, 의미 있는 날을 통한 사순절 교육을 하라.

그리스도께서 수난 당하신 때를 관련시켜 사순절을 지키는 것은 매우 의미 있는 일이다. 예배드리는 순간만이 거룩되고 특정한 날만 거룩한 것은 아니지만, 조금 더 구분되게 생활할 수 있기 때문이다. 구분된 삶을 통해 이후 다른 삶에도 영향을 행사할 수 있게 된다.

교회에서는 특별부흥회, 사경회 등으로 성인을 위한 프로그램이 준비되어 있다. 이와 같은 시기에 다음세대를 위한 부서에서는 기도를 생활화하지 않는 청소년을 대상으로 새롭게 기도생활을 시작하는 선포식, 새로 마음먹고 사복음서 읽기, 학교별 기도모임 등을 통해 개인의 영적성숙을 위한 훈련 기회를 갖도록 유도하는 것도 한 방법이다. 또한 교회에서 새롭게 봉사의 기회를 찾게 하고 문화금식을 통해 확보한 시간을 활용하여 노력봉사를 하거나, 스마트폰 또는 전자기기 등 사용 절제를 통해 확보된 비용을 모아서 나눔을 선포하는 것도 한 방법이다.

둘째, 다음세대와 함께 만드는 가정예배를 권장한다.

다음세대 부서의 자녀를 둔 가정에서 사순절과 부활절을 맞이해서 가정예배를 드릴 수 있도록 유도한다. 예수의 수난 행적과 가상칠언을 중심으로 말씀을 묵상하는 것이 바람직하다. 고난주간 동안에는 매일 저녁 가족이 함께 모여 고난을 생각하는 예배를 드리고 서로를 위해 기도함으로써 십자가의 사랑을 깨달을 수 있다. 또한 가족끼리 애찬식을 가지면 예수님의 섬김과 희생을 보다 의미 있게 되새길 수 있을 것이다. 물론, 깨어진 가정이 많은 것을 고려해 조심스럽게 권해야 한다.

셋째, 사순절 문화금식을 실시하라.

예수님의 고난에 동참하는 의미로 실천해보는 금식은 좋다. 요즘 청소년은 미디어를 통한 문화생활이 주된 삶의 모습이기에 실제적으로 문화금식을 통해 사순절을 보내는 것도 의미 있는 방법이다. 이 기간 동안 아예 문화생활을 금하고 견디자는 의미는 아니다. 그동안 알게 모르게 깊이 배어 있는 상업적이고 자극적인 문화의 소비를 최대한 줄이고, 대신 우리의 삶과 영혼을 살찌울 수 있는 건강한 문화를 접해 보자. 하나님과 가까이 만날 수 있도록 돕는 문화, 이웃을 배려하고 돌아볼 수 있도록 깨닫게 해주는 문화에 깊은 관심과 애정을 쏟는 시간으로 삼자. 단, 문화금식을 하는 이유를 매주 체크하고 부활절에 함께 이때의 경험을 나누는 시간을 마련하자. 문화금식을 위한 쪽지를 통해 중보기도를 요청하거나 자신의 고민, 약점 등을 기록하고 서로를 위해 기도하자. 서로의 아픔과 약점을 기도함으로써 항상 함께 하시는 주님을 기억할 수 있다.

넷째, 나눔을 실행해 보자.

문화금식을 통해 확보된 시간, 재정을 모아서 부활절 예배 후 가까운 불우이웃을 돕는 방법도 좋다. 최근 발생한 장마로 인한 피해 청소년을 위한 기금으로 사용해도 좋고, 교회와 연결된 시설에 다음세대 부서명으로 후원하거나 도움이 필요한 이들을 위해 봉사를 하는 것도 좋다. 어려운 곳을 방문해 그곳에 사는 사람들과 시간을 보내다 보면 우리를 향한 예수님의 긍휼을 느낄 수 있고 남에게 자신의 것을 베푸는 기쁨을 배울 수 있다.

그밖에 생명의 소중함을 일깨우는 일에 참여할 수 있다. 아이들과 함께 교회 주변의 텃밭에 '꽃씨'를 심고 가꿔보는 것도 한 방법일 것이다. 이와 더불어 생명을 바쳐 이 땅에 헌신한 선교사님의 묘소인 양화진 외국인 선교사 묘원을 찾아가 방문하는 것도 의미 있는 경험이 될 수 있다. 다음세대의 눈높이에 맞는 프로그램을 통해 다음세대의 영적성장을 기대해 본다.

다음세대의 영적성장을 위해 미디어문화금식과 기독교세계관 교육이 필요하다

"너희는 이 세대를 본받지 말고 마음을 새롭게 함으로 변화를 받아 하나님의 선하시고 기뻐하시고 온전하신 뜻을 분별하도록 하라"(로마서 12:2)

미디어전문가인 마샬 맥루한은 "미디어는 메시지다(Medium is message)."라는 말로 미디어의 특성과 정의를 내렸다. 미디어는 단순한 놀이를 즐기는 도구가 아니라 그 자체가 메시지라는 것을 간과해서는 안 된다. 그동안 대한민국 곳곳에서는 미디어중독에 대한 위험요소들을 배제하기 위해 YMCA, YWCA와 같은 기독교 단체를 중심으로 '텔레비전 안 보기 운동'같은 미디어금식운동이 진행되어왔다. 본격적으로 인터넷 중독 문제가 심화되면서 문화선교연구원에서 '미디어금식운동'을 제시했고 이러한 운동은 낮은울타리와 팸머스문화선교원을 중심으로 확장되어 왔다. 미디어금식은 밥보다 다음세대들이 즐기는 미디어(게임, 채팅, 만화, SNS, OTT, 영상매체 등) 사용을 스스로 절제하도록 함으로써 예수님께서 우리를 위해 십자가에 지신 그 고통과 사랑을 묵상하는 문화적 금식이다. 또, 국가에서도 매달 둘째 토요일을 "e미디어 다이어트 날"로 정해 청소년들이 한 달에 하루 동안 휴대전화나 컴퓨터 등의 'e미디어' 사용을 자제하는 캠페인을 펼치고 있다. 향후 교회에서도 이와 같은 운동으로 전개하는 방법 또한 생각해볼 필요가 있다.

그러나 이러한 뜻깊은 의미를 가지는 프로그램 중 대다수가 구체적인 실천이나 운영을 위한 체계적인 방법이 마련되지 못한다는 한계를 가진다. 그렇기에 개교회에서 실시하다가도 도중에 그만두는 경우가 많았다. 부활절 캠페인의 하나로 관련 단체에서 제시하는 방법에 막연한 동참 정도로 그치고 있어서 교회학교 청소년들에게 충분한 동기화를 시키지 못한 것이 가장 큰 원인이라 생각 된다.

고난주간에만 미디어문화금식을 선포하는 것이 아니라, 우리 아이들을 혼미케 하는 미디어문화를 분별할 수 있는 교육과 기독교세계관 교육이 교회학교에서 이뤄져야 한다. 함께 영화를 보고 기독교세계관을 통해 바르게 문화를 읽을 수 있도록 돕고, 가치 판단을 통해 올바른 문화를 취사선택을 할 수 있도록 돕는 교육이 필요하다. 또는 아이들에게 인기 있는 대중가요의 가사를 함께 분석하며 그 안에 담겨있는 의미를 파악하는 것도 한 방법이다.

CEF라는 국제선교단체에서 "믿음의 결단을 하게 된 시기(Time of Born Again)"를 조사한 적이 있다. 다시 말해 복음을 믿음으로 받아들였던 시기가 언제인가 파악했는데, 만 4세까지 1%, 만 4세에서 만 14세까지 85%, 만 15세부터 만 30세까지 10%, 만 30세 이후 4%로 나타났다. 바로 청소년기의 경험들이 복음을 믿음으로 받아들이는 시기인데, 아이들의 온통 관심사가 미디어로 향해 있기 때문에 문제이다.

최근 오륜교회에서 청소년 인터넷 중독 문제를 해결하는 방안으로 자체적으로 인터넷중독상담센터 '인터넷 꿈 희망터(IDOS)'를 운영하고 있다. 또한 교회 건물을 활용해 6층에는 갤러리 카페를, 10층에는 체육관을 설치해 교인뿐 아니라 일반인들에게도 개방했다. 매우 좋은 현상이다. 교회의 문턱을 낮춰 지역 사회와 소통하며 청소년 문제에 집중하며 대안적으로 문화 활동을 할 수 있도록 만들어놓은 시스템은 본받을 만하다. 교회는 다음세대인 청소년들에게 올바른 가치관과 세계관을 심어주어야 한다.

고3을 위한 수능기도회,
이렇게 생각한다

청소년 사역을 하다보면 학교현장을 무시할 수 없다. 우리 아이들이 가장 많은 시간과 영향을 받는 곳이기 때문이다. 그리고 매년 11월이 다가오면 우리는 변함없이 '고3을 위한 기도회'를 준비한다. 고3들이 그동안 준비해왔던 수고에 아름다운 열매가 맺어질 수 있길 기대하며 기도회를 통해 강하고 담대한 마음을 가져달라고 마음으로 진행을 한다.

그러나 다른 기도모임에는 별말이 없는데 수험생을 위한 기도회에는 들리는 말들이 참 많다. 기도회가 너무 기복적이지 않은가? 꼭 이런 방식으로 해야 하는가? 기독교가 다른 종교에서 하는 것과 다른 것이 무엇인가? 수능기도회를 준비하는 청소년 사역자들에서 이런 이야기가 들리면 힘이 빠진다. 그렇다면 수능기도회를 폐지하면 모든 말들이 사라질 수 있을까? 말을 듣지 않기 위해 기도회의 폐지를 원하는 성도와 수험생들은 없을 것이다. 이는 한국교회가 풀어야 할 과제 중 하나라 생각된다.

그렇다면 무엇이 문제인가? 기도회 자체가 문제 있는 것은 아닐 것이다. 기도회를 인도하는 방식과 '합격'만을 지향하는 기도제목과 기도회에 참석하는 부모님과 우리의 마음가짐이 본질적인 '기도'와 다르기 때문에 어색한 것이다. 교회마다 한창 진행 중인 수능기도회에 대한 부정적인 생각을 줄이며 기도의 본질을 회복할 수 없을까? 정답은 수능기도회를 변화시켜야 할 것이다. 기도의 본질을 회복시키고 목적에 더 부합할 수 있도록 노력해야 한다.

첫째, 수능 하루만의 기도회로 끝나지 않도록 이끌어야 한다.
수능이란 긴장의 터널을 지내고 있는 수험생들에게 그 어느 때보다 소중한 시간을 보내며 순간순간마다 하나님을 바로 보고, 순간이 아닌 영원을 동행하는 믿음의 길을 가도록 도와주어야 한다.

둘째, 수능을 준비하는 동안 신앙보다 성적과 학력이 더 중요하다는 인식 속에 방치되어 있는 수험생들을 돌보지 못한 것을 반성해야 한다.
교회지도자들과 학부모인 성도들이 수험생들에게 지금은 공부하는 시기라는 것만 강조하고 우선순위에 있어 신앙이 기본이고 우선이라는 것을 지도하지 못했다. 그러나 수험생활의 모든 과정의 시간과 역사가 주께 있다는 사실을 깨닫고, 하나님께서 자신을 이끌어 주실 것이라는 믿음을 가지고 시험에 임할 수 있도록 도전해 주어야 한다. 그래야 시험결과를 긍정적으로 보고 그 속에서 감사하고 앞으로 나아갈 수 있는 길을 찾는 지혜를 얻을 수 있다.

　　한 번의 실수를 이기지 못해 시험시간에 시험장을 뛰쳐나오는 학생들이 늘고 있다. 여러 가지 이유가 있겠지만 점수가 인생을 좌우한다는 생각이 지배적이기 때문이다. 시험 점수가 아니라 하나님이 자신을 이끈다는 믿음이 자신 안에 없기 때문이다. 지금 우리 자녀들에겐 믿음이 절대적으로 필요한 시기다. 그리고 이 시간만큼 우리 자녀들에게 올바른 신앙을 심어주고 보여줄 수 있는 좋은 기회도 없다.

　　수능기도회에 대하여 좋은교사운동의 정병오 대표는 "개인을 위한 기도와 더불어 우리 아이가 속해 있는 사회 전체와 한국교회를 위한 기도도 병행돼야 한다."라면서 감사와 성찰·신뢰·능력·평안·각성·신앙의 전승·학교와 교사·기독교적 교육운동 등 수능기도회에서 다뤄져야 할 14가지 기도 제목을 제시한다.

　　한국교회의 청소년 사역이 입시제도의 병폐로 인해 성적만능주의와 출세주의를 비판하고 그에 대한 대안을 모색하고자 하는데 정작 한국교회가 수능기도회를 통하여 기복적인 신앙을 주입시키고 어떻게든 내 자녀, 내 제자가 대학에 합격할 수 있다면 감사하겠다는 식의 기도회는 더 이상 행해지지 않도록 해야 할 것이다. 이 세상에서 무엇을 하든지 하나님 앞에서의 정직과 성실함을 중요시할 수 있는 기독교세계관에 입각한 입시교육과 수능생들을 위한 기도회가 될 수 있길 소망해본다.

수능 이후,
고3 청소년을 잡아라!

새로운 해를 준비하면서 청소년 사역자들이 놓치는 대상이 있다. 바로 매년 11월 달 시행되는 대학수학능력시험을 본 고3 청소년들이다. 그동안 수험생으로써 예배에 참석하는 것에 감사하며 신앙훈련보다 수험생활에 집중할 수 있게 배려 아닌 배려를 했던 대상이다. 이들을 어떻게 관리하느냐에 따라 교회학교 청소년부의 흥망성쇠를 판가름할 수 있다면 약간은 과장일 수 있겠지만, 이들을 활용해서 교회학교 중·고등부를 부흥시킬 수 있다면 어떨까?

수능 이후, 그동안 수험생으로 쌓였던 스트레스가 일순간 확 풀리는 순간을 잘 잡아야 한다. 대다수의 수험생들은 후련함과 시원섭섭함이 교차되는 순간 마음껏 자유를 만끽한다. 음주가무에 취해 학생의 신분과 자신이 청소년이라는 사실을 잊어버리고 성인 향락문화에 빠져들기 때문이다. 각 교회에서는 고3 수험생을 위한 특별프로그램을 준비하고, 체계적인 신앙훈련을 쌓을 수 있는 기회를 제공해야 한다. 이는 추후 이들을 청소년부 부흥을 위한 촉매제로 활용해야하기 때문이다. 청소년 사역에 있어서 청소년을 이해하는 성인도 좋지만, 무엇보다 '선배'의 위엄과 기용을 활용한 '또래' 사역으로 효과적인 접근이 가능하기 때문이다. 이 순간을 놓치면 고3 수험생뿐만 아니라 중·고등부 청소년 역시 세상문화 속으로 유입하는 것을 그대로 방치 할 수밖에 없기 때문이다.

첫째, 수능이후 기도회

그동안 수험생을 위한 기도회는 계속되어 왔다. 수능 당일에는 개교회에서 수험생을 위한 수험시간과 같은 시간대 별로 기도회가 진행되기도 한다. 이때 교회의 집중은 수험생과 학부모다. 그러나 수능 이후에는 기도회가 사라진다. 마치 기도할 이유가 없어진 것처럼 말이다. 대학진학이 개인의 삶 속에 큰 영향을 미치는 것은 사실이지만 신앙에 있어서 대학진학이 우선인가? 대학진학만 기도의 제목인가? 때문에 교회에서는 수능이후 수험생이 청년으로 잘 자랄 수 있도록 수험생과 부모가 합심해서 기도할 수 있는 특별기도회를 준비해서 기도의 끈이 놓치지 않게 해야 한다. 이것을 통해 수험생이 '특별한 관리대상'이 아니라 기도할 수밖에 없는 '소중한 대상'임을 기억할 수 있는 시간으로 진행해야 한다.

둘째, 수능생을 위한 경건훈련 - 기초부터 하나씩

수능 이후 대학진학을 놓고 초조하겠지만, 시험에 대한 부담감이 사라졌기 때문에 전보다 여유로운 것은 사실이다. 수능생을 위한 수련회, 예배와 말씀훈련 등을 준비하여 그동안 제외되었던 신앙훈련을 할 수 있도록 배려하자. 이미 알고 있다고 생각하고 건너뛰는 것은 금물이다. 수험생들이 예전에 배웠던 학습을 반복하는 것처럼 초신자를 대상으로 신앙교육을 하는 것처럼 교육을 다시 하자. 그동안 형식적인 신앙생활을 해왔을 수도 있다. 이를 점검하면서 자신의 신앙상태를 파악하고 또, 수험으로 인한 고통과 상처, 추후 시험결과로 인해 발생할 수 있는 좌절감을 신앙으로 극복할 수 있는 기회를 제공해야 한다. 교회에서 수험생의 위치를 마련해 준다면 이들이 교회 밖에서 방황하는 일은 없게 된다.

셋째, 예비청년학교 및 예비교사대학

세상에 첫 발을 디딜 수험생을 위한 예비청년학교나 보조교사나 서기부로 다음해에 활동할 수 있도록 예비교사대학을 운영하며 기독교세계관 교육을 통해 세상을 바라보는 올바른 가치관을 정립시켜주고 세상의 유혹과 시험에서도 말씀으로 무장하여 신앙으로 버틸 수 있게 하자. 수능 이후는 바로 지금 교회가 움직여야 할 사명이다. 이는 다음세대를 위한 부흥전략 중 첫 번째라 생각한다.

넷째, 청소년 사역을 위한 또래사역자로 세우기

대학입시문제는 분명 교회 밖에 속한 세상의 문제만은 아니다. 교회는 기독교적 가치관의 교육으로, 학생들이 올바른 신앙에 기초하여 하나님이 부르신 소명의 자리에서 최선을 다할 수 있게 그 방향설정을 할 수 있게 노력해야 한다. 바로 입시준비를 위해 수험생이었던 청소년을 활용하자. 그들의 고민과 생각을 바탕으로 후배들을 위한 커리큘럼을 구축할 수 있다. 청소년상담프로그램 중 하나가 또래상담자를 활용한 접근이 있는데 효과성이 높다. 이를 활용한 또래사역자로 이들을 훈련시켜 중·고등부에 파견하여 자신의 출신학교별로, 지역별로 멘토로서 후배들과 소통할 수 있게 한다. 중·고등부 청소년들이 문제가 발생하여 고민이 있을 때 누굴 찾아가겠는가? 나이차가 많이 나는 이들 보다는 멘토로 훈련받은 또래 선배의 자문을 받고 따를 확률이 더 높지 않겠는가.

수련회 후 프로그램을
공략하라

대한민국은 하나님께 축복받은 민족이다. 다음세대에 대한 관심이 너무 늦기 전에 일어나고 있으며 뜨거운 태양의 열기와 맞서서 산과 강 그리고 바다에서 성령의 뜨거운 열기로 해마다 여름수련회를 진행한다. 매년 수련회를 통해 한국교회들은 은혜를 경험해 왔다. 교사와 학생이 함께 부둥켜안고 기도하는 모습은 지상에서 가장 아름다운 모습이 아닌가! 이런 수련회의 은혜와 열기가 단회적인 것이 아니라 지속적으로 교회 안으로 들어오도록 수련회 이후에도 다양한 노력을 아끼지 않아야 한다.

그러나 수련회에서 하나님을 찾고 은혜를 갈구하며 기도의 입술을 열었던 아이들이 교회로 돌아와서는 입술을 꽁꽁 봉해버리고 침묵으로 일관한다. 이 모습을 보는 영적 지도자들은 상실감을 느낄 수밖에 없다. 수련회에서 경험한 은혜를 그대로 교회 안으로 가져올 수 있는 방법은 없는 것인가? 삶의 자리로 돌아온 아이들이 수련회의 결단을 생활 속에서 실천할 수 있도록 어떻게 그들을 도와줄 수 없을까?

이러한 고민과 질문을 가진 교회를 위해 몇 가지 후속 프로그램을 소개하고자 한다.

첫째, 수련회 후 4주 정도의 기간 동안 주일예배의 형식을 변화시키자. 수련회에서 맞보았던 은혜의 체험은 자유롭게 드려지는 찬양과 임펙트한 말씀 속에서 찾아볼 수 있을 것이다. 그렇다면 수련회 후 4주 정도는 수련회에서 은혜 받았던 찬양곡을 중심으로 다시 은혜를 갈구하며 주님께 찬양을 드려보는 것이다. 교사와 학생 그리고 초대된 찬양팀(청년부찬양단, 교사찬양단, CCM가수 등)을 통해 실생활에서도 적용할 수 있도록 적용점을 찾아 기도할 수 있는 분위기를 만들어보면 좋다.

둘째, 수련회 때 은혜의 말씀을 선포하셨던 강사를 다시 초대해 보는 것이다. 수련회에서 말씀으로 결단하고 기도했던 그 순간의 말씀을 다시 한 번 들음으로써 생활 속에 실천할 수 있도록 행동을 변화시켜보는 프로그램을 준비한다.

셋째, 학부모님들과 함께 예배를 드리는 것으로 기획하라. 신앙은 교회와 가정 그리고 학교가 서로 협력할 때 더욱 효과적인 신앙교육이 가능하다. 특별히 가정은 신앙의 모태와도 같다. 그래서 학부모님들의 적극적인 도움과 협조는 청소년부서의 활성화와 개인적인 신앙 성숙을 위해서 매우 중요한 위치를 차지한다.

넷째, 학생들이 속해 있는 학교별 모임을 만들어 본다. 교회로 학생들이 찾아오는 예배와 만남에서 교역자와 지도교사들이 학교와 학원으로 찾아가 기도와 교제를 나누는 것을 통해 새로운 만남이 이뤄지며 신앙과 삶의 전환점이 된다. 교육은 지속적인 만남을 통해서 이뤄진다는 사실을 잊지 말자.

교회학교는 수련회를 통해 얻게 된 교회공동체성과 신앙의 열정을 잘 활용하여 수련회 후속프로그램을 기획해야 한다. 한국교회 교육적 생태계에서 수련회 후속 프로그램이 갖는 기대효과는 매우 높다.

첫째, 학생들에게 수련회에서 받은 은혜를 반복적으로 되새김질할 수 있는 기회를 제공하며 믿음이 자라는데 큰 도움이 된다. 스스로 삶을 교정해 나가는데 탁월한 효과를 갖고 있다.

둘째, 교사들에게 예배를 통한 만남 외에도 반목회 아이들과 다양한 형태의 만남을 가질 수 있다. 또한 아이들의 변화를 구체적인 현장을 통해 읽을 수 있고, 교사 자신도 받은 은혜와 기대가 더욱 풍성해 질 수 있다.

셋째, 수련회 이후 학부모와 아이들이 함께 예배를 드리는 자리를 마련한다. 학부모로 하여금 자연스럽게 자녀들의 신앙생활을 확인하고, 자녀의 변화된 모습을 지켜볼 수 있는 기회가 된다. 더불어 자녀의 신앙교육에 있어 수련회가 매우 중요한 역할을 수행하고 있음을 인식시킬 수 있다. 또한 부모로서 자녀를 위한 기도의 끈을 놓지 않아야 한다는 것도 깨닫게 할 수 있다.

중·고등부 교육에 있어 가장 중요한 것은 학생을 향한 '지속적인 관심'이다. 수련회를 통해 보여줬던 교회와 학부모의 무한한 관심과 애정을 수련회 이후에도 지속적으로 중·고등부와 다음세대를 위한 정책으로 정립시킬 수 있도록 노력하자. 그러기 위해서는 중·고등부를 담당하고 있는 교역자와 부장 그리고 교사와 학생들의 지속적인 노력이 필요하다. 작은 이벤트를 통해서라도 교회와 학부모가 지속적인 관심을 기울일 수 있도록 기회 마련에 힘써라. 그리고 서로가 성장할 수 있도록 기도하라.

수련회 이후
일상과 함께 사역하라

해를 더할수록 여름 날씨는 참 대단해지는 것 같다. 집중 호우, 산사태 그리고 태풍까지 쉴 틈이 없다. 교회 청소년들과 함께 여름사역을 하기에는 너무나도 많은 악재들이 있어왔다. 실제로 많은 교회가 이러한 여름 날씨의 영향 가운데 여름사역을 연기하거나 취소하는 아픔이 있기도 한다. 그럼에도 불구하고 산과 바다, 또 전국 곳곳에서 그 어느 때보다 더욱 뜨거운 말씀의 은혜와 성령의 체험이 가득한 수련회가 진행되기도 한다.

수많은 청소년들이 "주, 예수님을 믿습니까?"라는 질문에 "아멘!"으로 뜨겁게 한 목소리로 화답하는 것을 들어본 지도자라면 청소년들에 대한 기대와 희망을 저버릴 수 없을 것이다.

수련회를 준비할 때 놓치지 말아야 할 것이 있다. 수련회 이후 청소년들이 다시 교회와 가정으로 돌아가 맞이하게 될 '일상' 속에서의 삶을 미리 계획하고 준비해야 하는 것이다.

마이클 레빈의 저서 『깨진 유리창 법칙』은 재미있는 실험을 다룬다. 깨진 유리창 개념은 원래 범죄 현상을 주로 다루던 범죄학자 제임스 윌슨(James Q. Wilson)과 조지 켈링(George L. Kelling)이 1982년에 만든 개념이다. 1980년대 중반에 뉴욕시는 급속도로 빈민굴처럼 변질됐는데 시 정부와 경찰이 이를 보면서도 방치했기 때문이다. 뉴욕시 길거리는 지저분한 낙서투성이였고 지하철은 위험할 정도로 더러워서 범죄가 끊이지 않았다. 범죄 발생률이 높기 때문에 기업과 중산층은 교외로 빠져나가 밤은 물론 낮에도 한적한 거리와 지하철은 가기를 꺼려하는 대상이 되어 버렸다. 그런데 1995년에 뉴욕 시장에 취임한 루디 줄리아니(Rudy Giuliani)는 강력한 의지를 가지고 뉴욕시 정화 작업에 돌입했다. 먼저 뉴욕시 주요 거점에 CCTV를 설치해 낙서한 사람들을 끝까지 추적했다. 또 지하철 내부 벽을 깨끗하게 청소하고 범죄를 집중 단속하기 시작했다. 시 정부의 강력한 의지를 거듭 확인한 뉴욕 시민들은 자신들의 과거 행태를 바꾸기 시작했다. 주위 환경이 전체적으로 더럽다면 사람들은 오물을 쉽게 버린다. 하지만 주위가 깨끗할 때에는 그러지 못한다. 자신의 부적절한 행동이 다른 사람들에 의해 쉽게 들통나기 때문이다.

이처럼 깨진 유리창 법칙은 깨진 유리창 하나를 방치하면 모든 것이 깨진다는 단순한 법칙을 다루고 있다. 이 책이 주는 교훈은 매우 중요하다. 아마도 다음세대 사역을 통해 각 교회에서는 부서별로, 아이들 개별로, 교사 개별로 깨진 유리창을 발견했을 것이다. 그 깨진 부위를 교체하기 위해서 우리는 다음과 같은 노력이 필요하다. 교회 다음세대부서와 청소년들 개개인의 삶 속에서 영적싸움으로 작은 승리를 경험해야 할 것이다.

어떻게 수련회 이후 일상을 보내면서 각자의 깨진 유리창을 교체하고 정비할 수 있을까? 그것은 기본적으로 성공적인 청소년 사역의 원리와 맞닿는다. 성공적인 청소년 사역의 원리는 바로 사역의 대상자인 청소년을 알아야 한다. 다시 말해 우리가 교육하고 함께 신앙공동체를 구성해야 할 파트너인 청소년에 대해 알아야, 아는 만큼 도울 수 있기 때문이며, 아는 만큼 청소년을 세울 수 있기 때문이다.

청소년기는 공부뿐만 아니라 자신을 둘러싸고 있는 모든 것에 관심을 갖게 되는 시기이다. 청소년기의 발달과정상 지적 활동이 활발해지고 스스로 독립하기 원하는 욕구가 강해진다. 또한 인간관계 역시 가족에서 또래집단으로 넘어가면서 자아 정체성을 수립하려는 욕구가 자연스러운 시기이기도 하다. 이때 청소년을 이끄는 것은 다름 아니라 또래집단과 그들이 이룬 문화현상들이다. 이러한 과정의 청소년에게 필요한 요소들은 다시 다섯 가지로 정리할 수 있다.

첫째, 애정의 필요다. 청소년들은 핵가족화 된 가정에서 '심리적 고아'로 살아간다. 따라서 친구를 사귀고 그들에게 동화되는 일에 탐닉하거나 이성교제에 대한 과도한 관심과 기대를 가질 수밖에 없다.

둘째, 자기 수용의 필요다. 청소년들은 자신의 용모나 신체조건에 대해 불만을 쉽게 갖는다. 뿐만 아니라 자기정체감을 형성해야 할 시기이다.

따라서 하나님의 시각에서 자신을 바라보고 자신이 얼마나 특별한 존재이며 자신을 향하신 하나님의 뜻을 확인해야 한다. 나아가 새로운 경험을 통해 성취감을 항상 경험하여 자기 존중감을 갖게 하고 옆에서 위로와 격려를 해주는 일이 필요하다.

셋째, 자기통제의 필요다. 청소년의 정서는 매우 불안하다. 그래서 스탠리 홀은 이 시기를 가리켜 '질풍노도의 시기'라고 했다. 뿐만 아니라 이들은 불안정한 정서에 지배되어 자기를 통제하는 능력이 약하며 나아가 대중매체의 영향으로 즉흥적이며 감각적인 생활습성을 떨쳐버리지 못한다.

넷째, 자기책임의 필요다. 청소년은 '주변인'으로 더 이상 아이는 아니지만 역시 성인도 아니다. 따라서 '심리적 이유기(離乳期)'에 속하면서 독립성을 확보해야 하는 시기이다. 그러나 학교생활은 이러한 능력의 배양에 큰 도움을 주지 못하고 오히려 과정보다 결과만을 중시하는 세태를 낳고 있다. 따라서 청소년들은 자기의 책임에 대해서 무관심하다.

다섯째, 가치관의 필요다. 교회청소년에 대해서 현장사역자들은 공통적으로 한번쯤은 실망감을 경험하게 된다. 학교나 교회에서 보여주는 그들의 모습은 비기독학생과 다를 바가 없다는 사실이 속속들이 드러나기 때문이다. 따라서 교회에서의 윤리교육이 절실해진다. 윤리교육 외에도 올바른 가치관의 체계를 교육할 필요성이 커진다. 이러한 가치관은 지식 교육 차원에서 마쳐서는 안 된다. 반드시 학생이 실제 생활에서 이를 실천할 수 있는 도덕감과 의지력을 함양하도록 도와야 한다.

이와 같은 청소년의 필요를 교회와 청소년지도자가 일상에서 채워줄 수 있는 프로그램과 생활지도를 할 때, 비로소 빈 마음을 사랑과 관심으로 채운 아이들이 좀 더 성숙한 일상을 살아가게 될 것이며 하나님이 기뻐하시는 다음세대 리더로 성장할 수 있게 될 것이다.

수련회 이후,
이젠 반목회다!

교회학교 현장에서 연간 가장 많은 노력과 열정을 쏟아 붓는 사역이 다름 아닌 '여름사역'이다. 학생들도 가장 많은 기대와 함께 많은 변화의 기회를 여름사역을 통해 경험하게 된다. 참으로 놀라운 하나님의 은혜의 장이요, 교육의 장이다.

그러나 "진정한 사역은 뜨거운 여름사역 이후 일상으로 돌아온 순간부터다."라고 말하고 싶다. 여름사역을 통해 변화된 상태의 아이들을 아무런 준비 없이 그냥 방치하는 것은 무모한 짓이다. 본격적으로 아이들을 위해 기도하며 이들을 세우기 위해서는 교사의 역할이 중요하다. 왜냐하면, 교사를 주님께서는 목사와 같이 목자로 세우셨다. 작은 목자인 교회학교 교사들을 통하여 일하시는 목자장 되시는 하나님의 뜻을 깊이 묵상하며 잘 감당하길 소망한다. 에베소서 4:11이하에 보면, '목사'와 '교사'라는 직책을 동시에 사용했다. 이는 한 사람이 두 가지 직책을 수행한다는 뜻이다. 목사는 교사로서 강의하는 일에 전문적이어야 하며 마찬가지로 교사도 목사(여기서는 목자)처럼 다음세대를 양육해야 할 것이다. 그리고 이러한 교사활동을 '반목회'라고 할 수 있다. 뜨거웠던 수련회를 기억하며 감성적 교육을 넘어 이젠 삶의 현장에서 지성과 감성을 함께하는 '생활사역'이 필요할 때다. 이러한 목자의 모습은 요한복음 10장에 나오는 '선한 목자'를 통해 볼 수 있으며, 교회교육현장에서는 다음의 6가지로 말할 수 있다.

첫째, 예배지도가 중요하다.

예배는 교회의 살아있음을 드러내는 사건이며 모든 교회적 실행의 출발점이다. 따라서 중·고등부 예배는 이러한 예배의 기능과 함께 학생으로 하여금 하나님의 뜻과 은총을 깨달을 수 있도록 하나의 교육적인 과정으로 정의될 수 있다. 따라서 교사는 학생으로 하여금 수련회를 통해 받은 은혜를 다시 주일예배와 공적예배로 옮겨올 수 있도록 해야 한다. 예배의 4가지 요소인 말씀과 기도, 찬송(찬양), 헌금이 갖는 의미를 잘 가르쳐서 헌금시간에 떠들기 보다는 온 몸과 마음을 드리는 모습을 갖게 하며, 나아가 다양한 예배 형식을 통해 중·고등부 학생들의 관심과 흥미를 '예배'에 집중할 수 있도록 해야 한다.

둘째, 공과교수에 올인하라.

공과를 가르치는 일은 반을 맡은 교사의 고유권한이다. 공과교수를 통하여 학생을 이해시키고 감동시킬 뿐만 아니라 삶을 변화시키려면 가르치려는 내용에 대해서 연구하고 연습하며 체험을 통해 준비하고 나아가 언어와 도구를 통한 교수법을 습득하여 탁월한 교수를 해야 한다. 그래서 학생들이 공과시간을 날마다 기다릴 정도로 즐겁게 가르쳐야 한다.

셋째, 다양한 자치활동을 할 수 있도록 지도해야 한다.

성장과정에서 '지적 성장'은 많은 주제와 내용에 대한 지적인 호기심을 유발하고 신체적인 성장은 활달한 활동을 요구하며 '사회적 성장'은 각자에게 책임과 역할수행의 훈련을 필요로 한다. 이와 함께 학생들이 수련회에서 경험한 뜨거운 은혜 체험을 일상 속에서도 수행할 수 있도록 문화명령을 통해 융합시키는 준비가 필요하다. 따라서 교사는 상식 이상의 소양을 갖추고 학생들에게 특강을 할 수 있어야 하며 학생들에게 특별한 경험을 나눠줄 수 있는 프로그램 몇 가지에 능숙해야 한다.

넷째, 심방이다.

돌봄 사역에 있어 가장 아름다운 사역은 '찾아가는 사역'이다. 가정과 소통하며 아이들과 소통하는 적극적 사역이 바로 심방이다.

> 네 양떼의 형편을 부지런히 살피며 네 소떼에 마음을 두라.
>
> (잠언 27:23)

찾아가는 현장 사역은 교사와 학생, 학생과 학생 간의 소통을 돕는다. 또한 서로간의 끈끈한 정이 쌓이도록 적극적으로 돕는다.

다섯째, 상담이다.

심방과 유사하지만 또 다른 효과를 볼 수 있는 교육방법은 상담이다. 로저스(Rogers C.R.)는 상담을 '개인이 태도와 행동을 변화하는데 도움이 될 목적을 가진 개인과의 일련의 직접적인 접촉'이라고 정의하였다. 학생들의 극히 개인적인 고민을 잘 들어주고 문제의 핵심을 찾아 해결하도록 도움을 주는 일이 영적성장에 중요한 요소가 될 수 있다.

마지막으로 생활훈련이다.

청소년기는 지·정·의·인격의 통일이 필요한 때다. 이를 위해서는 삶을 통한 경험과 성숙이 요구되며 따라서 생활을 구체적으로 다루고 변화시킬 수 있는 훈련이 필요하다. 삶을 훈련하는 일에는 성경을 익히고 기도와 전도를 훈련하는 일과 시간관리, 물질관리, 친구관리 등을 할 수 있도록 가르치는 것이 매우 중요하다. 청소년들 스스로 판단하고 행동하며 더 나아가 다른 친구들을 그리스도인으로 재생산할 수 있도록 목적 지향의 자립신앙을 기르도록 하는 것이다. 수련회 이후 영적 분위기를 가장 효과적으로 활용하는 것 역시 청소년 사역자의 의무요 권리라 생각한다. 지금은 반목회를 통해 양의 무리를 거느리고 훈련시킬 때다. 동역자들을 움직이게 하라. 이 시기를 놓치지 말라.

청소년 자살 문제,
교회가 가르쳐야 한다

최근 경제적 어려움이나 극심한 스트레스로 인해 '자살'이라는 극단적인 선택을 하는 사람들이 늘고 있다. 우리나라는 2004년부터 OECD 32개국 가운데 '자살률 1위의 나라', '자살 공화국'이라는 불명예를 계속 안고 있다. 지난 2008년에는 1년 동안 자살로 숨진 사람이 1만 2천 8백여 명에 이른다. 즉 매일 평균적으로 35명이 자살하고 있다는 것이다. 그런데 특히 10대 청소년들의 자살률이 점점 증가하는 추세이다. 이에 대한 대책이 절실하다. 지난 달 한 청소년상담기관에서 중고생을 대상으로 설문조사 한 결과, 청소년 10명 중 4명이 자살충동을 느낀 적이 있다고 말해 그 심각성을 더하고 있다.

우리나라의 자살 문제는 비단 어제 오늘만의 이야기가 아니다. 그러나 사회와 학교 뿐 아니라 한국교회 역시 이러한 심각성을 자각하기보다는 자살을 '청소년시기에 한번쯤 겪을 수 있는 충동적인 심리현상' 정도로 인식하고 있다는 것이 더 큰 문제다. 청소년들의 자살 문제는 우리가 생각하는 것보다 매우 심각하다. 2001년에 비해 약 40% 이상 증가했으며, 지난 2000년부터 10년간 전국 초·중·고생 자살자가 한해 평균 109명에 이르는 것으로 나타났다. 지난해 교육과학기술부가 발표한 자료에 따르면 2000년부터 지난해까지 모두 764명의 초, 중, 고생이 자살한 것으로 조사되었으며, 이 중 고등학생이 68%인 522명, 중학생이 29%인 218명으로 집계되었다.

그렇다면 청소년들은 어떤 이유로 자살충동을 경험하거나 실제 자살을 선택하게 되는 것일까? 부모의 실직같이 가정의 경제적 문제가 20.8%로 가장 많은 자살 사유로 나타났으며, 부모의 이혼이나 가출 등 가족문제가 19.2%, 이성관계가 7.1%, 성적문제가 6.7% 등으로 조사되었다. 자살을 선택하는 이유에서 보듯 하나님께서 세워주신 가족관계가 무너질 때 많은 청소년들이 자살 충동을 경험한다는 결과를 도출할 수 있다. 그만큼 심각한 가정 위기를 겪고 있는 청소년들을 대상으로 상담과 실질적인 도움이 확대되어야 한다. 학교에서 집단 따돌림과 학교폭력 등에 시달리고, 가정에서는 아이의 상황도 이해하지 못한 채 공부만 강요하거나 무관심 등으로 대화가 단절되어 청소년이 누구하나 의지할 곳이 없을 때 대부분의 청소년이 자살충동까지 생각하게 된다는 점도 간과해서는 안 된다.

이러한 문제를 해결하기 위해서는 쉽게 죽음을 선택할 수 있는 청소년들을 대상으로 하는 자살 예방 교육이 체계적으로 이루어질 필요가 있다. 안타깝게도 우리나라는 해마다 자살을 선택하는 사람들이 크게 늘고 있지만, 자살이나 죽음에 대한 체계적인 교육과 적절한 예방 대책이 전무한 실정이다. 그래서 청소년 상담심리, 교육 등 각계각층의 전문가들이 자살 충동을 쉽게 느끼게 되는 청소년 시기에 자살예방교육과 죽음에 대한 체계적인 교육이 필요하다고 입을 모으고 있는 것이다.

자살예방교육은 막연하게 자살하면 고통도 끝이라고 생각하는 사람들에게 '자살이 해결책'이라는 잘못된 생각을 바로 잡아주는 교육이다. 죽음은 고통에서 벗어나는 것이 아니라 오히려 새로운 고통을 가져다주며, 하나님과 사람 앞에서 죄라는 사실을 인식하게 해서 자살을 예방하는데 도움을 준다. 이미 선진국에서는 초등학교에서부터 대학교에 이르기까지 죽음준비교육과 자살예방교육을 위해 각 시기의 성장과정에 따라 다양한 교과목 속에 포함시켜 지도하고 있다. 미국의 공립 초·중·고교에서는 '죽음에 관한 책·시·음악공부', '장례식장과 묘지방문', '죽음에 관한 영화·사진 감상과 토론' 등 다양한 커리큘럼을 도입해 학원폭력, 자살, 청소년탈선, 왕따 등의 문제를 해소하고 있다.

결론적으로 청소년자살 문제에서 가장 필요한 것은 바로 예방이다. 예방은 크게 개인적 차원, 사회적 차원, 그리고 정책적 차원에서 이뤄져야 한다. 그러면 우리 한국교회는 이 문제를 어떻게 대응해야 할 것인가?

첫째로 바른 생명교육을 실시해야 한다. 주님께서 우리에게 성경을 통해 알려주신 '기독교세계관' 교육을 근거로 하나님이 주신 생명의 존귀함을 바로 알 수 있도록 가르쳐야 한다. "나는 하나님의 자녀다"(요한복음 1:12)라고 고백할 수 있고, 내 생명은 내 것이 아니라 "하나님께서 나를 지명하여 불렀나니 너는 내 것이라"(이사야 43:1) 라고 말씀하시는 주님의 말씀에 근거한 교육이 되어야 한다.

둘째로 상담사역을 통해 지속적인 관심을 가져야 한다. 집회를 중심으로 한 프로그램에서 청소년 한 사람 한 사람에게 관심을 갖고, 그들을 돌아볼 수 있는 돌봄의 관계가 교회학교에서 이뤄질 때 가능하다.

목표를 세우며
달려갈 길을 가라

다음세대 사역과 청소년 사역을 시작하는 지도자들과 교회학교 교사들에게 이렇게 말해주고 싶다. 달려갈 길의 목표를 세워라. 디모데후서 4장 7~8절 말씀을 보면 "내가 선한 싸움을 싸우고 나의 달려갈 길을 마치고 믿음을 지켰으니 이제 후로는 나를 위하여 의의 면류관이 예비되었으므로 주 곧 의로우신 재판장이 그 날에 내게 주실 것이니 내게만 아니라 주의 나타나심을 사모하는 모든 자에게니라"라고 되어 있다. 이 땅의 청소년들에게 그리스도의 비전을 심겨주기 위해서는 무엇보다도 지도자와 교사들이 최선을 다해 아이들을 섬겨야 한다.

다음세대 사역을 위하여 목표를 정하고, 그것을 향해 나아갈 수 있는 성숙한 다음세대 사역이 되길 소망한다. 새로운 목표를 향해 달려가기에 앞서 먼저 이전에 있었던 일들 중에서 즐거운 일 다섯 가지를 종이에 적고 돌아가면서 동역자들과 함께 나누어 보자. 새로운 출발은 우리에게 가장 즐거웠던 사역을 추억하면서 시작하는 것 역시 우리에게 도전할 수 있는 용기와 함께 즐거움을 선사하기 때문이다.

그렇다면 청소년 사역자가 목표를 세우며 달려갈 수 있는 원동력은 무엇일까?

첫째, 즐거움이다.

사역은 즐거워야 한다. 내가 지금 있는 이 자리가 내 자리라고 하는 생각을 할 수 있다면 그 사람은 참 행복한 사람이다. 그러나 항상 난 지금 이 자리가 내 자리가 아니라 언젠가는 더 멋진 일을 할 수 있다는 생각을 갖는다면 현재에 올인할 수 없다. 최선을 다하지 않는다면 최고의 성과 또한 기대할 수 없는 것이 바로 사역이다. 주님은 우리에게 한 영혼을 위하여 천하를 바꿀만한 가치가 있다고 말씀하셨다. 청소년을 사랑하고 그들을 가슴에 품은 교사 여러분에게 묻고 싶다. 지금 하고 있는 이 사역이 당신을 진정 행복하게 만들고 있는지 말이다. 이 질문을 스스로에게 묻고 답해본 후 다음세대 사역을 향해, 새로운 시작을 위해 다시 시작해보기를 바란다.

둘째, 준비되어야 한다.

즐거운 마음으로 사역을 감당하면서 그 사역 속에 내 역량을 녹여낼 수 있어야 한다. 하면 할수록 전문성이 나타나는 자리가 바로 사역이다. 특히 나와 교회와 다음세대 사역현장 더 나아가서는 한국교회의 좋은 자원이 된다. 사역자로써 전년도에 아쉬웠던 부분들을 채우기 위하여 오늘 다시 준비할 수 있는 용기를 가지길 바란다. 준비된 사역은 사역의 현장을 즐겁게 한다. 그렇다면 준비해라. 주님께서 바로 지금 당신을 사용하고자 한다.

셋째, 동역해야 한다.

뛰어난 리더 중에는 자신의 능력만을 믿고 달려가는 독불장군식의 리더는 더 이상 없다. 특히 요즘처럼 다중적인 사회에서는 구성원 중 최고의 역량을 갖고 있는 사람이 자신의 위치에서 은사와 달란트를 통해 최고의 사역을 할 수 있도록 사역을 나누는 것이 가장 중요한 사역이 되고 있다. 다음세대 사역도 교사와 스텝 중에 자신의 사역을 최고로 동역할 수 있는 분들에게 기회를 나눠주는 용기가 필요하다. 만약 나눌 수 없다면 교사들과 동역하는 분들의 역량을 위해 투자하라. 지금의 투자가 다음세대를 이끌 청소년을 성장시키는 기회가 된다.

마지막으로 교회 리더십과 함께 동행하라.

다음세대 사역은 교회의 일부분이요 한 지체이다. 늘 소외된다는 피해의식은 성장보다는 탓하는 집단으로 추락시킨다. 교회의 운영목표를 숙지하고 교사들과 함께 나누고 기도하자. 그리고 교회 속의 교회인 다음세대 부서 또한 교회의 목표를 이루기 위해 노력하는 모습을 보이고 감당할 수 있는 역할을 찾아보자. 이런 모습을 통해 다음세대 부서들이 성숙한 신앙생활과 함께 교회의 한 요소가 될 수 있다. 특별히 담임목사님과 당회 장로님들과 자주 대화하는 시간을 통해 혼자만의 상상이 아니라 비전을 공유하는 사역자가 되는 것이 매우 중요하다. 우리 주님은 협력해서 선을 이루기를 원하시는 분이다.

지금 현재는 우리에게 주어진 또 다른 기회이다. 기회는 준비된 자의 것이다. 우리에게 다가온 또 한 번의 기회를 잘 준비하여 다음세대를 위한 부흥을 기대하자. 내적성장과 변화의 중심으로 다음세대 사역이 세워질 수 있도록 노력해보자. 이 땅의 청소년들이 그리스도의 제자가 되는 그날까지 힘을 내 보자. 청소년의 가슴에 그리스도의 비전이 심어지기를 기대하자.

청소년 사역,
학교와 동행하기

중고등학생들은 학교에서 얼마나 많은 시간을 보낼까? 한 교사단체가 조사한 '방학과 방학 후 학교운영실태'를 보면 초등학교의 경우, 아침 8시 50분~9시 사이에 등교하고, 하교시간은 오후 1~2시 내외이며 고학년은 3시에 수업을 마친다. 반면 중·고등학교에 진학하게 되면 학교에서 보내는 시간이 급격이 증가한다. 중학교는 오전 8시 40분 ~ 9시까지 등교해야 하며, 고등학교는 아침 8시 20분에 등교해야 하는 것으로 조사되었다.

반면, 중고등부 학생들의 하교시간은 야간자율학습 등으로 밤 10시에서 11시가 대부분이며, 심지어 모 고등학교는 아침 7시 30분 등교해서 밤 12시에 하교를 하고 있어 하루에 16시간 30분을 학교에서 생활하는 것으로 나타났다. 중·고생들이 학교에서 보내는 시간은 적게는 7시간 많게는 16시간 정도다.

대부분의 학생들은 학교에서 반나절 이상을 보내고 있다. 초등학생은 하루 24시간 중 5시간을 학교에서 보낸다고 하지만 초등학생 수준에서 이는 결코 적은 시간이 아니다. 그렇다면 청소년 사역에서 학교현장은 떼어놓고 생각할 수 없는 매우 중요한 사역 현장이 될 수 있다는 것을 알 수 있다. '학교에서 갖는 기독학생들의 신앙활동'에 대해 청소년교육선교회에서 조사한 내용이 있다. 기독학생 중 성경공부를 하는 학생들이 7.9%, 기도모임에 참여하는 학생들이 9.5%, 식사기도를 하는 친구들이 40.3%, 전도활동을 하는 학생들이 14.4%, 기타 17.6%로 응답하였다.

대체로 열심 있는 학생들은 학교에서도 신앙생활에 활발한 것을 볼 수 있으나 교회에서 이러한 생활을 위한 훈련과 조직결성을 함께 한다면 더욱 큰 효과가 있을 것이다. 그렇다면 어떻게 접근하고 어떤 방법으로 함께 할 수 있을까 함께 살펴보도록 하자.

첫째, 학교별 교회모임을 조성하라.

교회에 출석하는 아이들이 소속되어 있는 학교를 파악하고 학교별 모임을 만들어 주 1회 정도 학교 안에서의 교회모임을 진행하는 것이 좋다. 많은 프로그램을 진행하기 보다는 잘 훈련된 사역자가 간단한 경건회와 교제중심의 만남이 효과가 크다. 지속적일 때 더 큰 열매를 기대할 수 있다.

둘째, 학교별 기독동아리를 지원하라.

이미 지역학교에 조성되어 있는 기독동아리를 파악하고 그들을 지원하는 것 역시 매우 중요한 사역이다. 우리교회 중·고등부의 성장도 중요하지만 지역 청소년 사역의 영적부흥은 함께 만들어가는 것이라고 믿는다. 그렇다면 그들이 모여 있는 기독동아리를 적극적으로 지원하는 것 역시 학교를 통한 또 다른 선교라고 믿는다. 지원방법은 간단한 간식제공과 모임장소 제공이 될 수 있다. 또한 동아리가 원하면 말씀과 찬양사역자를 파송하는 것도 매우 유익한 방법이다.

셋째, 지역학교의 기독 교사들을 초대하라.

아이들에게는 교사의 영향력이 매우 중요하다. 학교 현장에서 신앙생활을 하는 교사들의 역할은 두 말할 필요가 없다. 그들을 측면에서 지원하는 것 역시 청소년 사역을 위해서는 중요한 사역 중 하나이다. 아무 조건 없이 월 1회 또는 학기 1회 교회로 초대하고 신앙훈련과 교제의 장소를 제공하고 기독교사들 간의 네트워크를 형성시키면 보다 효과적인 학원사역의 파트너가 될 수 있다.

넷째, 교회장소를 개방하라.

지역학교의 행사와 모임, 특별히 방과 후 학습과 CA시간의 활동장소로 교회교육관 등 장소를 적극적으로 개방하는 것은 간접 선교에 매우 중요한 요소가 된다. 학교 활동 때문에 교회 문을 열고 들어왔던 학생이 언젠가는 예배참석을 위하여 문을 열고 들어올 수 있다는 믿음을 갖고 실시해 보기를 권한다. 하지만 한 가지 염두에 둘 것은 아이들이 모이고 사용하면 약간의 파손과 손상이 있음을 사전에 인지해야 한다는 사실이다.

지금은 찾아가는 서비스가 유행인 시대다. 교회학교도 학생들이 교회로 찾아오길 기다리는 것이 아니라 아이들이 있는 곳으로 찾아가야 하는 시대다. 그러나 준비 없는 사역은 항상 실패라는 교훈을 준다는 사실을 명심하고 철저한 준비와 전략을 통하여 우리 교회에서 가장 가까운 학교를 복음으로 점령하는 선교전략을 시작해보길 적극적으로 권하고 싶다.

청소년 사역,
가정과 동행하기

지금의 대한민국 교회학교 현장은 수명을 다했다고 진단을 내리는 사람들이 있다. 현재 교회학교 체제로는 수시로 변화하는 디지털세대를 대상으로 신앙교육하기에는 모든 면에서 역부족이라고 판단하는 것이다. 그동안의 교회학교에서 하는 교육은 아이들이 성인이 되어 개인적으로 신앙고백을 할 수 있을 때까지 교회 울타리 안에 붙들어 두는 정도가 최선책이었다. 다음세대 교회학교 시간은 예배와 활동중심이 될 수밖에 없었다. 이러한 실정 가운데 구체적이며 체계적인 성경공부를 할 수 있는 시간들이 거의 확보될 수가 없었다. 대부분 교회학교에서 아이들과 함께 하는 성경공부는 30분, 길어야 40분 정도에 불과했다. 그 시간에 출석부 정리하고 아이들 안부를 묻다보면 - 그 안에는 떠들지 말라고 주의를 주는 시간도 포함된다 - 시간은 쏜살같이 흘러가 제대로 된 성경공부를 할 수 없게 된다.

학생들은 체계적인 성경공부가 부재한 상태로 성경에 대한 설교만 듣고 교회학교를 마치게 된다. 그래서 어릴 때부터 교회에 다녔음에도 불구하고, 또는 모태신앙 임에도 불구하고 성경을 몰라도 너무나도 모른다. 신기한 노릇이다. 아마 그 시간 동안 피아노를 배웠다면 개인 연주회를 열 수 있는 정도의 실력을 갖췄을 거고, 태권도를 배웠다면 유단자가 되었을 텐데 말이다.

안타깝게도 우리 다음세대 학생들은 성경에 대해 무지하다. 특정한 인물 정도는 몇 명 알고 있을지도 모른다. 그러나 내용으로 파고들어보면 어떤 사건들이 있었고, 그 사건이 무슨 의미를 가지는 지를 도무지 알지 못하는 것이 현실이다. 이런 수준으로 대학생이 되고 교회에서 봉사활동하면서 교회학교 교사로 서게 된다. 잘 모르는 채로 자라난 학생들이 교회학교 교사가 되어 어린 학생들을 가르치게 된다면 교회학교를 다니더라도 성경에 대해 모르는 악순환은 계속될 수밖에 없다.

어떻게 하면 이 악순환의 고리를 끊을 수 있을까? 그 대안은 교회학교와 가정학교가 서로 협력하는 것에 달려있다. 성경교육은 가정이 담당하게 하는 것이다. 이스라엘에서 탈무드를 교육시킬 때 부모가 어린 자녀에게 전승하는 것처럼 우리도 가정에서 그 역할을 부여해보자. 내 자녀가 믿음 안에서 성장하는 것을 원하지 않는다면 모를까, 믿음 안에서 뿌리 내리고 성경적인 그리스도인으로 살기를 원한다면 가정에서 책임지고 양육할 수밖에 없다. 그리고 아이에게 본을 보이기 위해 부모도 성경적인 사고로 살아갈 수밖에 없다. 이것이 바로 "부모의 교사적 사명"이다. 교회는 가정과 부모와 함께 파트너십을 맺어 각각의 사역을 나눠야 한다. 그렇다면 어떻게 가정에서 신앙교육을 할 수 있을까?

첫째는 믿음의 뿌리를 내리는 가정예배를 살려야 한다.

한국교회 전통 속에 가장 멋진 모습은 누가 뭐라고 해도 가정예배다. 온 가족이 함께 둘러앉아 얼굴을 마주보고 하나님 앞에 예배하는 그 자체가 교육이다. 물론 광속보다 더 바쁜 일과를 보내고 있는 현대인들에게는 온 가족이 함께 모이는 것 자체가 힘든 일이다. 하지만 청소년들의 신앙적 변화와 성장을 원한다면 다시 가정예배를 살려야 한다. 아침이나 저녁에 함께 예배하자. 아침에는 식사기도나 아빠 엄마가 기도해주는 축복기도로 하루를 시작하고 저녁에 가정예배를 드리자! 매일매일 하는 가정예배가 불가능하다면 주일 중심의 가정예배도 있다. 한 주간에 한두 번 할 수도 있다. 가정예배를 드리는 것이 중요하다.

둘째는 성경 방과 후 학습을 실시한다.

주일학교에서 모든 것을 다 가르치지 말자. 교회는 성경의 핵심내용과 개념을 전달하고 가정에서는 구체적인 내용을 찾아보고 확인할 수 있는 체계를 만들자. 주일 설교말씀이나 공과내용으로 구성된 성경학습지를 발간해서 성경 방과 후 교사로 각 가정의 부모를 임명한다. 체계적인 점검과 지속적인 학습은 반드시 아이들의 성장을 돕게 된다.

셋째는 신앙에 관한 자기주도 학습을 하자.

청소년들 스스로 신앙생활에 관심을 갖도록 하면 얼마나 좋을까? 아이들에게 흥미를 유발할 수 있는 신앙콘서트(CCM 또는 뮤지컬 등) 함께 가기, 경건서적 읽고 나누기, 선교유적지 순례하기 등 참여와 동행을 통해 살아있는 현장학습을 하자. 가장 좋은 방법은 말씀묵상(QT)을 하는 것이다. 청소년 스스로 말씀을 읽고, 기도하고 적용하는 삶이야말로 진정 하나님의 용사로 거듭나는 가장 빠른 방법이다.

청소년 사역,
친구와 동행하기

청소년기에 있어 '친구'는 신체적, 인지적, 사회적 변화에 대해 혼란스러워하는 청소년에게 중요한 지지역할을 한다. 그래서 청소년기에 있어 친구에게 자신이 어떻게 보이는가는 매우 중요한 사안이며 청소년기의 정상적인 발달에 있어 좋은 친구관계는 필요충분요소가 된다. 그러므로 청소년 사역에 있어 청소년이라는 동년배 친구들을 빼놓을 수가 없다. 특별히 청소년기에 만들어진 친구관계가 교회 안에서 이루어 질 수 있다면 평생 신앙의 동역자가 될 수 있다.

특별히 다음세대 중 청소년 아이들에게 작은 리더십을 훈련할 수 있는 좋은 대상이며, 이 시기의 훈련은 다음세대를 연결해 갈 수 있는 매우 중요한 시기이다. 또래 친구의 긍정적인 영향으로는 인간관계의 '상호성'을 배울 수 있으며 정의와 공평성의 원리를 훈련하고 상대방의 요구에 능숙하게 반응하고 대처하는 기술 습득과 청소년기 이후에는 이성교제를 통해 사회성의 기초를 형성하게 된다.

그러나 부정적인 영향도 있다. 친구를 통해 문제행동을 제공받기도 하며, 또래로부터 거부당함으로(따돌림) 인한 사회성 발달에 많은 영향을 받게 된다. 이 시기에는 또래 친구를 통해 청소년 자신의 자존감 형성에 결정적인 영향력을 행사하는 만큼 가장 중요한 위치를 차지한다.

생애주기 발달단계에 의하면 반드시 사랑을 받아야 할 대상이 있다. 첫째는 아동기에 부모와의 친밀한 만남, 둘째는 청소년기에 좋은 친구와의 만남이다. 이와 같이 친구는 인생의 동반자요 영원한 동행자다. 그러므로 좋은 친구를 통한 선교전략은 청소년 사역에 있어 매우 중요한 위치를 차지한다. 그렇다면 교회와 함께할 수 있는 친구사역을 다음과 같이 소개한다.

첫째, '관계 맺기'다.

관계 맺기는 친밀감의 단계다. 청소년기에 있어 친구는 함께 이야기를 나누고 화장실을 같이 가고 공동의 관심사를 이야기할 때 진정한 친구라고 생각한다. 즉 일상을 공유하는 단계부터 '친구'라는 호칭을 사용한다.

이를 활용해서 교회 청소년들이 학교 친구나 동네 친구와 친밀감을 형성하여 관계 맺기를 할 수 있도록 기회를 제공하면 된다. 예를 들면, 자원봉사를 통한 만남이 있다. 지역사회를 위해 교회가 앞장서서 교회 청소년과 지역 청소년들이 함께 동네청소나 간단한 벽화작업을 통해 환경정비를 할 수 있다. 이와 유사한 보람된 일을 통해 지역청소년에게 봉사기회를 제공함과 동시에 교회문턱을 낮추는 작업을 통해 교회 청소년들이 동네 친구를 자연스럽게 만날 수 있는 장을 마련해본다.

둘째, '함께하기'다.

친구 초청 잔치는 관계 맺기가 형성된 후 진행하는 것이 좋다. 전도 목적보다는 교회를 경험하고 피상적으로 알고 있던 교회를 친구 소개로 구체적으로 알 수 있는 기회를 갖는 것이 중요하다. 그 이후 신앙수련회가 아닌 관계지향적인 1박2일의 캠프를 진행하는 것도 좋다. 청소년시기에는 많은 시간을 같이하고 이야기를 나누고 난 뒤, 서로에 대한 호감이 높아지면 친구의 관심사가 자신의 관심사로 변화하는 것이 그리 어렵지 않다. 그때를 활용해서 복음을 전하는 것이 매우 효과적이다.

셋째, 또래관계를 통한 프로젝트 사업을 진행한다.

친구관계가 형성되고 친밀감이 깊어진 후 복음의 도전을 받아들인 아이들을 대상으로 복음과 친구라는 좋은 관계가 형성이 되면, 목적을 갖고 진행하는 것이 효과적이다. 또래중심의 프로젝트를 계획해 보자. 학년별 수련회와 동아리별 MT등과 같이 또래별로 함께 할 수 있는 프로그램을 권장해 본다.

특별히 이 단계에서는 청소년들 스스로가 계획을 세우고 청소년들이 직접 진행과 평가를 담당하도록 하는 것이 좋다. 10대 후반에는 "자기결정에 의한 자기책임"이라는 중요한 과업을 완수해 보는 것이 매우 중요하다. 이는 미래의 교회지도자를 위한 것이 아니라 현재 교회학교 중·고등부에서 활동할 수 있는 매우 중요한 지도력을 확보할 수 있기 때문이다.

잠재되어 있는 청소년 리더십은 청소년기의 특성인 또래집단의 응집력을 통해 친구가 친구에게 복음을 전하고, 거룩한 고민을 함께하고 중·고등부의 부흥을 책임지도록 방향을 설정해 주는 것이 매우 중요하다. 향후 '국제청소년성취포상제'와 같이 청소년들이 신체단련, 자기개발, 봉사 및 탐험 활동을 통해 그들의 잠재력을 최대한 개발하고 청소년 스스로 활동을 정하고 지속하는 과정을 포상해주는 제도를 교회에서 직접 하는 것도 한 방법이다.

청소년 사역,
부모와 동행하기

청소년 사역은 현장사역이다. 현장에서 경험하는 것이 청소년에게 그대로 영향을 행사한다. 가장 큰 영향을 주는 곳이 학교와 교회 그리고 가정이다. 학교에서는 친구들이, 교회에서는 교역자와 교사가, 가정에서는 부모와 형제의 영향력을 받게 된다. 특별히 교회에서 청소년 사역을 위해 부모와 협력 관계를 유지하는 것은 매우 중요하다. 특별히 신앙교육에 대한 협력자로 부모의 교사적 사명은 가장 필요한 사항이다.

부모와 청소년 사역을 함께하기 위해서는 자녀지도 요령을 사전에 교육하거나 알려주면 좋다. 신앙교육은 교회와 학교 그리고 가정이 함께할 때 큰 효과를 거둘 수 있다. 교회가 청소년을 바르게 양육할 수 있도록 부모를 세우고 다음 네 가지 방법을 통해 자녀교육을 제시할 수 있다.

첫째, 모범을 보이는 부모가 되어야 한다.

자녀는 부모의 신앙적 모범을 통해 하나님의 내재하심을 경험할 수 있다. 생활 속에서도 역사하시는, 살아있는 하나님을 경험하는 것은 매우 중요하다. 이러한 모범은 신앙적 인격과 가치 그리고 올바른 태도를 가르치는데 유용하다. 부모가 모범을 보이는 것에는 기본원칙이 있다. 부모 스스로가 완전한 것을 요구하지 않아야 한다. 부모가 '완전한 모범'을 보여준다고 의식하다보면 비현실적인 모습을 연출하게 되고, 자녀는 이러한 위선적인 모습으로 인해 존경심은 커녕 부모를 믿지 못하게 된다. 일상에서 보여 왔던 모습과 전혀 다른 모습을 연출해서는 안 된다. 제일 좋은 모습은 친밀하고 자신을 노출시키는 관계를 만드는 것이다. 마음속 생각과 감정들을 서로 공유할 수 있는 관계를 형성할 때, 자녀는 부모에게서 도덕과 규범 더 나아가 올바른 신앙을 전수받을 수 있다. 따라서 부모의 모범은 자녀의 인생과 결혼 그리고 올바른 신앙의 가치관을 만든다는 사실을 잊지 말자.

둘째, 적절한 통제를 해야 한다.

에베소서 6장 4절 말씀에 보면, 부모의 역할은 훈계를 하는 위치에 있다고 선포하고 있다. 요즘 가정에서는 어른의 권위가 소멸되고 있다. 조부모와 함께 살았던 대가족제도에서는 어른들 분위기를 통해 위엄과 질서를 경험했으나, 지금은 엄모자부(嚴母慈父) 현상 속에서 자녀의 버릇이 엉망이다. 가정의 위계질서가 무너진 지금, 자녀들은 교회에서까지 신앙적 권위를 무시하고 있다. 따라서 부모는 언행일치를 통해 일관성 있는 자녀교육을 실시해야 한다. 그리고 통제가 힘든 자녀는 신체적인 벌로 통제할 수 있다. 체벌에 대해서는 학자마다 견해가 다르고 자녀의 성격에 따라 달리 대응할 필요가 있다. 온순한 자녀는 보다 자율적인 분위기가 더욱 효과적이고 고집이 센 자녀는 엄격한 규칙과 같은 강경한 방법이 더욱 효과적이다. 그러나 어떠한 유형의 자녀라도 다음과 같은 일정한 원리를 지켜야 한다. 자신을 통제할 수 있을 때에만 체벌한다. 해롭지 않은 회초리나 도구로 체벌하고 손으로는 때리지 않는다. 설명하고서 납득된 후에야 체벌을 한다. 다른 방법으로 되지 않을 때에만 체벌을 사용해야 한다. 체벌은 아무도 없는 곳에서 행해져야 한다.

셋째, 충분한 대화가 우선이다.

자녀와 부모 사이의 대화는 주제와 상관없이 친밀감을 형성시키는 가장 중요한 요소다. 부모 자녀간의 친밀감은 신뢰감을 형성하고 신뢰감은 신앙적 존경심을 불러오게 된다. 그러므로 자녀와의 대화는 부모가 갖추어야 할 가장 중요한 요소 임을 잊지 말자. 부모와 자녀 사이의 대화는 감정을 솔직하게 이야기해야 한다. 부모의 자기노출은 감정을 통해서 진행된다. 속에 있는 좋은 감정을 드러낼 때 뜻밖의 결과가 일어난다. "나는 너와 함께 있는 것이 좋다." 또는 "나는 너를 볼 때마다 기분이 좋다."라는 표현으로 서로의 관계가 가까워진다. 또한 부모와 자녀 사이의 대화는 경청해야 한다. 부모가 만약 듣는 데 실패하면 자녀는 심한 반항을 불러일으킨다.

그러나 부모가 경청하면 자녀는 스스로 생각하고 자기 존중과 자제력을 갖게 된다. 또한 부모와 자녀 사이의 대화는 하나님의 말씀을 전달하는 대화가 되어야 한다. 성경은 "교훈과 책망과 바르게 함과 의로 교육하기에 유익"할 뿐만 아니라 '권면과 위로와 훈계'를 위해서 필요한 권위와 능력을 발휘한다. 자녀와 함께 예배를 드리거나 경건일기를 나누는 일과 함께 일상적인 대화를 나눌 때 말씀을 활용하는 것은 매우 중요하다. 이와 같이 부모와 함께 신앙교육이 이뤄질 수 있도록 먼저 부모교육이 선행되어야 한다. 준비된 교회가 준비된 부모를 협력자로 세울 수 있다.

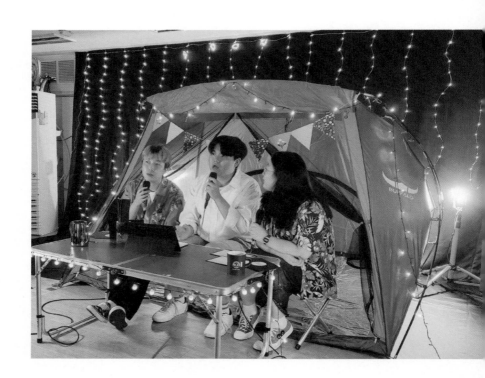

청소년 사역,
반목회부터 시작하기

텔레비전 프로그램, 다양한 행사들, 게임, 볼 거리, 놀 거리 등 교회 밖으로 눈을 돌리면 청소년들을 현혹시키는 것들이 정말 많다. 이러한 상황에서 한국교회가 청소년에 대한 선교 전략을 어떻게 세워야 할지 고민하는 것은 당연하고 중요한 일이다. 그러나 이는 쉽지 않은 일이다. 막막한 교사들을 위해 사역의 기초를 만들 수 있는 체계적인 청소년 사역 전략인 '반목회 사역'을 소개하고자 한다.

반목회 사역에서는 잘 훈련된 양질의 전문적 교회학교 사역자를 중심으로 각 반을 운영하면서 다양한 활동과 만남을 통해 큰 변화를 시작하는 것을 중요하게 여긴다. 청소년부 교사는 반을 주도하여 운영할 수 있는 파워 있는 교사로 준비되어야 한다. 그렇다면 어떠한 교사가 파워 있는 교사인가?

첫째, 예수가 있는 교사여야 한다.

이를 다른 말로 표현하면 '사명감을 가진 교사'이다. 거듭남이 있어야 거듭남을 가르치며 생명을 줄 수 있다. 아이들에게 생명을 주고자 몸부림치는 교사가 필요하다. 기독교는 체험의 종교이다. 주님의 부르심에 "아멘!"하고 응답한 경험이 없다면 다음세대에게도 그 감격을 전할 수 없을 것이다. 주님의 부르심에 대한 영적 경험을 확인하기 바란다.

둘째, 기도하는 교사가 되어야 한다.

가장 훌륭한 교사는 영혼을 사랑하는 마음에서 비롯된 낙타무릎의 교사이다. 반 아이들 이름을 하나하나 불러가면서 기도하는 교사야 말로 가장 최선의 교사인 것이다. 오늘도 우리는 기도로 아이들을 만나고 그들의 형편과 환경을 뛰어넘는 영적 사역현장으로 나아가야 한다.

셋째, 공부하는 교사이다.

지속적인 성장이 있어야 변화하는 청소년들의 신앙적 욕구와 삶의 욕구를 해결할 수 있다. 교회학교 교사인 나의 성장이 다음세대의 성장이라고 보면 된다. 또한 전문성을 배양할 수 있는 기틀을 갖출 수 있다. '아무나'가 아닌 영성훈련에 있어서의 '전문가'가 바로 교회학교 교사이다.

넷째, 학생들에게 희망을 주는 교사가 되어야 한다.

학생들에게 소망의 언어로 이야기하며 힘이 되어주고 능력 있는 말을 통해 학생들을 세워주는 교사가 필요하다. 힘이 되는 교사는 부모 같으면서, 친구 같은 역할을 감당할 수 있다. 필자가 처음 교사로 활동할 때는 '교사'라는 표현 대신 '반사'라는 표현을 사용했다. 물론, 교회학교 교사의 역할도 있지만 반목사의 준말로 표현한 것이 아닐까 생각한다. 교사는 모두 자신이 맡은 반의 목사가 되어야 한다. 이 사실을 먼저 확신하는 교사야말로 진정한 교회학교 교사가 될 수 있다.

그렇다면 반(Class)은 무엇을 의미할까? 교회론적 입장에서의 "반(Class)"은 '몸'인 교회를 이루기 위해 반드시 필요한 '지체'를 뜻한다. 교회 조직에 있어 구역이나 교구의 위치가 중요한 것처럼 교회학교에 있어 반의 위치는 구역과 같이 대단히 중요한 조직이다. 교육적인 입장에서 "반(Class)"은 가장 큰 교육의 효과를 기대할 수 있는 소그룹이다. 이 소그룹을 통해 진행하는 것이 바로 반목회이다. 반목이란, 지교회에서 소그룹을 구성하여 반사에게 한 반을 맡겨 그 구성원을 섬기며 하나님의 말씀을 가르치며 신앙생활을 온전히 할 수 있도록 지도하며 예수님을 닮아갈 수 있도록 돕는, 다음세대들의 인격적인 변화를 위해 헌신하는 사역이라고 정의할 수 있다.

다시 한 번 반목회의 중요성을 말하자면 단순히 숫자를 늘리고 성경적 지식만 가르치고 전달하는 것으로 끝나서는 안 된다. 반목회가 중요한 것은 교사로서 내가 맡은 역할이 학생들을 예수님의 형상을 닮은 그리스도의 제자로 양육하는 전인적인 교육의 현장이며 교회학교 부흥을 위한 모태가 된다는 사실이다.

그렇다면 성공적인 반목회를 하려면 어떻게 해야 할까? 일반적으로 반을 맡은 교사로 임명받게 되면 오랫동안 교사를 섬겨온 사람도, 처음 신임교사가 된 사람도 대부분 뚜렷한 목표 없이 맡은 반을 이끌어 가는 것을 볼 수 있다. 내게 맡겨진 반에 대한 목표가 없다보니 단순히 교회나 교회학교 전체행사에 의해 이끌리게 되고 매주일 분반공부를 하는 것이 전부로 반목회가 정해지고 진행되는 것이다.

성공적인 반목회를 하기 위해서는 우선, 반을 향한 교사의 구체적인 목표가 있어야 한다. 한 부서의 담임 교역자가 연간계획을 갖고 부서를 이끄는 것처럼 각 반의 교사 역시 자기가 맡은 반을 위해 뚜렷한 목표를 갖고 추진해야 한다.

목표가 없는 교육은 성공할 수 없다. 따라서 맡은 반에 적합한 목표를 설정해야 한다. 그리고 각 반 학생 개인별로 구체적인 돌봄이 필요하다. 한 명 한 명 한 생명 한 생명을 천하보다 귀하게 생각하고, 개인별 프로파일을 만들어 구체적인 성장과 필요에 민감한 교육현장을 갖추도록 노력하자. 세상의 무분별한 경쟁위주의 교육과 수많은 청소년 유해환경을 이겨낼 수 있는 힘이 생성될 것이다. 더 나아가 세상의 뒤틀린 타락한 청소년문화와 대항할 수 있는 기독교세계관으로 무장한 기독 청소년 문화를 형성할 수 있을 것이다. 어느 목사님의 책 제목과 같이 '골리앗 세상에서 다윗으로 살아'갈 수 있도록, 세상과 맞짱 뜰 수 있는 멋진 청소년으로 성장할 수 있도록 파워 있는 교사가 되어 목표를 갖고 반목회를 운영해 보자.

청소년문화 코드,
이해하고 따라잡기

예배당 안에서 최신 광고음악이 울려 퍼진다. 언제부턴가 '다음세대 발표의 장'과 같은 다음세대문화행사 때마다 TV광고, 영화, 드라마 등의 패러디가 단골처럼 등장하고 있다. 미디어가 교회 청소년 문화에 영향을 미치고 있는 현실이다. 과거에는 정반대 상황이 연출되었다. 1990~2000년대 교회 '문학의 밤'에서 낭송한 시, 찬송, 성극 등은 교회 청소년뿐만 아니라 지역사회의 문화적 욕구를 충족시키는 시간이었다. 그러나 요즘 교회 청소년문화는 청소년들의 관심을 사로잡기 위해 미디어나 세상적인 문화코드를 모방하기에 급급하다. 기독교 문화전문가들은 이러한 현상에 '근본적인 원인'이 있음을 지적한다. 문화의 발신지에서 수신지로 변해버린 교회 청소년문화는 왜 세상의 문화를 바쁘게 쫓아가게 되었을까? "세상 문화에 갇힌 청소년을 구하라!"하고 외치고 싶은 심정이다.

한국교회는 청소년 문화 인프라 부족과 다양한 콘텐츠 부족을 해결해야 한다. 교회 청소년문화를 만들어 내는 건 교역자와 교사 그리고 청소년이지만, 요즘 청소년들은 학원과 학교생활로 정신없이 바빠 문화 프로그램을 만들고 준비할 시간을 갖기 어렵다. 이 때문에 교회는 가장 빠르고 효과가 좋은 세상 문화에 눈을 돌려 부족한 콘텐츠를 채울 수밖에 없게 되었다. 교회 문화의 문제점으로 항상 지목되는 콘텐츠 부족은 여전히 청소년문화에서도 반복되고 있는 것이 현실이다.

전문가들은 이러한 상황 속에서 무조건 세상 문화를 제외시키는 것이 능사가 아니라고 이야기한다. 지금 필요한 것은 미디어를 외면하는 것이 아니라, 이것을 어떻게 활용해서 복음주의로 잘 변혁할 것인가가 중요하다. 신앙적인 메시지를 놓치지 않고 세상 문화를 수용할 수 있는 방법이 필요한 때임을 강조한다. 지금까지 교회 청소년문화는 인력과 정보력 부족으로 어려움을 겪고 그 해결 방법으로 세상 문화를 선택했다. 그러나 이제는 무분별하게 세상문화를 수용하는 것이 아니라 주체적으로 수용할 때다. 청소년문화를 통해 이제 교회는 세상 문화와의 교집합을 찾아야 한다. 그러나 분명한 것은 기독교인들은 절대 '대중'이 될 수 없다는 사실이다. 대중과 대중문화는 부정적이다. 이런 대중문화 속에서 신앙생활을 하는 기독교인들과 청소년들은 과거 어느 때보다 자신들이 이 세상에 속하지 않음을 인식해야 한다. 기독청소년들은 "하나님의 택하신 족속이요, 왕 같은 제사장이요, 거룩한 나라요, 그의 소유된 백성"(베드로전서 2:9)이기 때문이다. 기독교인은 계속해서 이 세상에 대해 비판적이고 경계하는 위치에 서 있어야 한다. 조금만 방심하면 그들도 모르는 사이에 대중이 되고 만다. 이것을 경계해야 한다.

첫째, 기독교는 대중문화를 순화시켜야 한다. 사실 오늘을 사는 우리는 어느 정도 대중문화의 희생자다. 따라서 이미 어느 정도는 대중에 속해 있다. 대중의 생각과 정서를 좀 더 순화시킬 수 있는 소설을 쓰고 노래를 짓는 것이 필요할 때다. 대중문화를 무조건 따라가는 것이 아니라 교회학교가 청소년을 새로운 문화로 이끌어 갈 수 있도록 기본토양을 만들어갈 때이다. 교회 안에서 다음세대 문화가 다시 시작되길 바란다.

둘째, 기독 청소년문화가 있어야 한다. 어렵지만 새로 시작한다는 각오로 준비해야 한다. 세상 문화를 이길만한 힘이 우리 안에 있어야 한다. 개교회 중심보다는 교계 연합으로, 노회나 지방회, 아니면 지역 공동체나 커뮤니티 차원으로 뜻있는 분들이 함께 협력해야 한다. 무조건 세상문화를 정죄하기 보다는 수용적인 자세로 건전한 비판이 필요하다.

그러므로 청소년문화를 육성하기 위한 지속적이고 과감한 투자가 필요하다. 대중문화를 향한 크리스천의 사명은 복음전도 명령과 문화 명령이 있다. 그동안 우리는 복음전도 명령에 더 치중해왔다. 그 결과 세계 어느 나라보다도 기독교 인구가 늘었고 교회 숫자도 늘어났지만, 기독교정신과 삶은 형성되지 못하고 있다. 대부분의 기독 청소년들은 교회, 학교, 가정생활 모두가 '따로' 움직이는 이원론적인 사고에 익숙해져 있다. 신앙은 문화화되어야 하며, 삶이 이끌어가는 신앙의 모습을 보여줄 수 있어야 한다.

마지막으로 문화는 청소년들이 살아가기 위해 숨을 쉬어야 하는 산소 같은 존재이다. 그러기 때문에 문화를 정화하고 깨끗한 문화를 공급하는 것을 더 이상 뒤로 미루거나 외면해서는 안 된다. 한국교회는 지금이라도 하루 속히 청소년문화사역에 총력을 기울여야 할 때다. 누군가 말했던 가. 사탄은 '문화'를 통해 청소년들에게 접근한다고. 그렇다. 이들을 보호하기 위해서는 막아야 산다. 아니, 더 멋진 기독교문화 속에서 살아갈 수 있도록 환경을 조성해 주자. 기독청소년들을 위한 문화 생태계 더 이상 뒤로 미룰 수 없는 사명이다.

3부
다음세대와 한국교회

편한 길과
옳은 길의 지도자

　'한 손에는 영성을, 한 손에는 전문성'을 외치며 청소년 사역을 시작한 지 벌써 30년이 지나고 있다. 일은 해야 할 일이지만 그 중에서도 꼭 해야 할 일을 사역이라고 한다. 나에게 있어서 청소년 사역은 꼭 해야 할 사역이다. 누군가 꼭 해야 할 일이라면 바로 내가 해야 한다는 심정에서 출발했다. 청소년을 위한 공과교재도 만들고, 청소년들과 눈높이를 맞추기 위해 청소년상담방법론을 찾아보며 강의와 상담을 통해 '청소년세우기'를 해왔다. 참 행복한 사역 현장이다. 이 사역은 편한 것이 아니라 마땅히 해야 할 일이다. 청소년 사역자로써 편한 길과 옳은 길은 무엇일까? 생각해보고 싶다.

　종려주일의 첫날, 사람들은 왕이신 예수가 웅장한 군마를 타고 예루살렘에 들어오리라 기대했을 것이다. 그러나 주님은 오히려 비천한 나귀를

택했다. 왕으로 오시기 전에 먼저 구원자로 오셔서 죽어야 했기 때문이다. 이 땅에 사는 동안 예수님은 진정한 인성과 완전한 신성을 보이는 엄청난 '대조의 삶'을 동시에 사신 분이었다. 그것은 편한 것이 아니라 마땅히 하셔야 하는 일이었다.

어떤 사람은 예수님에 대해 이렇게 표현했다. '생명의 떡이신 분이 굶주리며 사역을 시작하셨고, 생명수 되신 분이 갈증 속에서 자신의 사역을 마치셨다. 그리스도는 한 인간으로서 배고프셨지만, 또한 하나님으로서 배고픈 무리를 먹이셨다. 그는 피곤하셨지만, 또한 우리의 안식처가 되신다. 기도를 하시면서, 또한 기도를 들으신다. 울기도 하셨지만, 또한 우리의 눈물을 닦아주신다. 은 30냥에 팔리셨지만, 또한 죄인들을 피로써 되사신다. 양으로 도살장에 끌려가셨지만, 또한 선한 목자이시다. 자기의 목숨을 주셨으나, 죽음으로써 사망을 깨뜨리셨다.' 너무 멋진 말이다.

그러나 우리는 예수님의 삶과 달리 꾸준히 편한 것을 추구해 왔다. 좀더 노력하여 지름길을 만들며 과학을 발달시켰다. 그래서 우리는 끊임없이 편한 것을 추구하는 21세기의 과학의 사람이 되어버렸다. 사람의 생명과 삶을 이야기하고 가르치는 교회학교 지도자와 교사의 삶의 본질을, 신앙의 본질을 보는 눈이 필요하다. 그러기에 편한 것보다 마땅한 것을 추구하는 인격이 필요하다. 마치 사도들이 바리새인들의 채찍을 무서워하지 않고 생명의 예수님을 전했던 것처럼 우리를 무섭게 하고 힘들게 하는 것이 있을수록 더욱 힘내어 충성해야 할 것이다. 쉬우면 쉬운 만큼 희열과 성취감이 적지만 어렵고 힘들면 그만큼 보람이 크다.

사시나무나 미루나무는 금세 쑥쑥 자라지만 바람이 조금만 세게 불어도 가지가 꺾인다. 반면에 더디게 크는 소나무나 참나무, 박달나무는 천천히 자라온 세월동안 비바람과 추위에 단련되어 어지간한 바람이나 추위에도 끄떡없이 버틴다. 큰 산 정상의 떡갈나무를 보라. 키는 작아도 모진 날씨를 견디며 꿋꿋하게 크지 않던가!

오래 전 우리나라에 소개되었던 영화 <로베레 장군>에 나온 인상 깊은 한 장면이다. 나치에 저항했던 많은 저항 운동가들이 감옥에서 처형당할 때, 감옥에 잡혀온 한 사나이가 처형을 앞두고 대단히 억울해 한다. 그 사람은 자기가 다른 사람들과는 다르기 때문에 그들과 함께 처형당하는 것이 억울하다고 생각했다. 다른 사람들은 모두 저항운동에 가담했다가 잡혀 왔으니까 처형당하는 것이 마땅하지만, 자기는 장사나 하고 돈이나 벌며 조용히 살다가 잘못 잡혀온 사람이라는 것이다. 그는 저항운동과는 아무런 관계가 없었으며, 저항운동에 아무런 관심도 없었다. 그는 자신이 너무 억울하게 처형을 당하게 되었다고 생각하며 큰 소리로 외쳐댔다. "나는 아무 것도 하지 않았다! 나는 저항운동을 한 일이 없다. 그런데 내가 왜 이렇게 억울하게 죽임을 당해야 한단 말인가?" 이때 순순히 처형을 기다리고 있던 한 저항운동가가 그 사나이에게 이렇게 말했다. "당신은 아무 것도 하지 않았다는 것, 그것이 바로 당신이 죽어 마땅한 점이오. 전쟁은 5년 동안이나 계속되었소. 수백만 명의 무고한 사람들이 무참히 피를 흘렸고 수많은 도시들이 파괴당했소. 조국과 민족은 멸망 직전에 놓여 있소. 그런데도 도대체 당신은 왜 아무 일도 하지 않았단 말이오!"

우리는 다음세대를 위한 교회 지도자와 교사로서 일 할 때에 게으르고 편하기보다는 끝까지 마땅히 해야 할 일을 하는 일꾼이 되어야 할 것이다. 명성을 얻는 것에 상관치 않는다면 좋은 일을 하는 데에는 한계가 없다는 말을 기억하며 다음세대 사역을 다시 한 번 생각해보자.

다음세대를 향한 교회의 변화,
잃어버린 탕자를 품자

한국교회의 위기론은 하루 이틀의 이야기가 아니다. 새신자는 줄고, 교회를 떠나고 비난하는 사람들이 많아졌다. 저출산과 함께 교회학교의 학생들의 숫자가 점점 줄어들고 있다. 이러다 향후 10년 뒤, 20년 뒤에 한국교회의 모습을 어떻게 예측할 수 있을까? 한국교회는 침체기를 넘어 쇠퇴기에 접어들었다는 말이 회자 될 정도로 한국교회는 희망을 잃어버린 것일까?

한편에서는 한국교회를 '말기 암 환자'라고 말하며 양적 질적으로 총체적 위기상황에 직면한, 사면초가 상태라고 한다. 또, 한편에서는 다음세대의 부흥을 갈망하며 선교사보다 성경을 통해 복음이 증거 되었던 축복받은 그때를 생각하며 위기를 희망으로 바라보자고 한다.

지난 40년간 한국교회 수는 5,000개에서 6만 개로, 교인 수는 60만 명에서 860만 명으로 수직상승했지만 2000년 무렵을 정점으로 하향세로 접어들었다. 한국갤럽, 기독교윤리실천운동 등의 각종 통계자료를 보면 비기독교인이 보는 기독교는 처참할 정도로 부정적이다. 교회 안에서는 모르지만, 밖에서 교회를 보는 시각은 굉장히 위험한 수준에 이르고 있다고 한국 대표적인 종교사회학자인 이원규 교수가 자신의 저서를 통해 말한 바 있다.

어쩌면 사회 속에서 교회에 대해 바라보는 시각은 매우 부정적일 수밖에 없다. 고결한 것을 기대하다가 치부가 드러나면 언제 그랬냐는 듯 부정적인 모습을 각인시키는 것이 우리의 속성이기 때문이다. 사람들은 한국교회의 본래의 모습인 성스럽고 영적인 속성을 기대했지만, 세속화되고 교회지도자와 성도들의 믿음과 실천이 양분화 되고 거짓된 모습이 보여 도덕적, 윤리적으로 사회의 본이 되지 못한다는 것이다.

그렇다면 어떻게 하면 제 역할을 감당하며 세상의 빛과 소금의 사역을 감당할 수 있을까? 목회자로, 청소년 사역자로 현장 속에서 학생들을 만나면 '위기'가 '희망'일 수 있다는 생각을 늘 품게 된다. 아무리 영성과 도덕성, 공동체성을 상실한 한국교회라 해도 이미 밑바닥까지 내려왔기 때문에 다음을 향해 올라갈 수 있는 가능성을 안고 있는 것은 아닐까. 현장에서 만나는 우리 학생들이 그걸 증명한다.

처음 청소년 쉼터사역을 시작했을 때, 학생들에게 신앙훈련을 시키기 위해 지역 교회로 보냈다. 감사하게도 이들을 이해하는 교사가 있었기에 시도 때도 없이 들락날락 거리며 담배를 피우고 욕설을 내뱉고 함부로 침을 뱉는 아이들이 교회 문턱을 밟아볼 수 있었다. 그러나 이들을 감당했던 교사가 다른 교회로 옮기면서 우리 아이들은 교회에 갈 수 없게 되었다. 지역

교회에서 이 아이들을 받아주지 않았기 때문이다. 아이들은 '잃어버린 탕자'처럼 교회 밖에 머물러야 했고 결국 필자는 아이들을 위해 신앙공동체를 선교회 내부에서 운영하게 되었다. 지금도 예배드리는 것을 못 견뎌하는 아이들도 있지만, 스스로 신앙의 결단을 통해 예수님을 주님으로 받아들이고 자신을 사랑하는 대상이 있음에 감사하는 모습을 볼 수 있다.

이때의 경험 때문인지, 세계 3대 박물관의 하나인 러시아 상트페테르부르크에 있는 에르미타주 박물관에 전시된 렘브란트의 <돌아온 탕자>가 눈에 밟힌다. 소장품이 230만 점 이상이나 되는 작품들은 관람객들로 하여금 탄성을 지르게 할 만큼 감동적인 작품들이다. 누가복음 15장을 바로크 시대 그림의 특징인 명암 대비를 극대화시켜 표현했다. 특히 주인공들에게 연극에서 조명을 비추는 것처럼 환하게 초점을 맞춘다. 돌아온 둘째 아들은 해진 옷과 신발을 신고 있다. 그리고 아버지에게 온 몸을 맡기고 있다. 새로운 결단과 마음의 확정이 보인다. 그러나 동생을 맞는 형의 모습은 냉담하다. 화난 눈빛을 보인다.

이 그림을 마주할 때마다 마치 탕자는 가출 및 소외 청소년이고, 동생을 맞는 형의 모습은 이들을 이해하지 못하는 한국의 교회학교가 아닐까 생각해 본다. 누구든지 탕자가 될 수 있다. 누구든지 아버지의 영향이 미치지 않는 먼 곳으로 떠날 수 있다. 누구든지 하나님 앞에서 죄인이 될 수 있다. 그러나 결국엔 아버지께로 돌아가야 한다. 아버지는 탕자인 아들이 돌아오기만 하면 버선발로 달려가 맞을 준비를 하고 계신다. 바로 기다리는 아버지의 마음을 놓치지 말자.

‘사랑’이라는 제일 좋은 옷을 통해 잃어버린 탕자의 수치를 가려주고 공동체 구성원으로써 아름답게 회복시켜주자. 그리고 잃어버린 탕자가 아니라 다시 돌아온 아들로서 기뻐하며 이들을 격려해 주자. 그것이 한국교회가 다음세대를 위한 첫 번째 지름길이라 생각한다.

다음세대 사역이
소퇴한 이유 찾기

한국교회의 당면과제는 '정직한 교회'와 '믿을 수 있는 크리스천'으로 인식되는 것이다. 서울의 어느 교회 목사님은 주일설교를 통해 "한국교회는 경건의 개념이 잘못되었다."라고 지적한 적이 있다. 한국교회는 경건을 외향적인 모습으로 판단하고 외적인 모습에서만 찾으려고 하는 경향이 강하다.

　　그러나 진정한 경건은 내면의 진실과 성실함에서 찾을 수 있다. 다시 말해 하나님과 사람 앞에서 정직한 성도가 될 때 진정한 경건의 사람이 될 수 있다. 한국교회가 매년 성공한 목회를 꼽을 때 단시간에 성장한 교회를 소개하던 풍토 또한 변해야 하며, 교회학교도 더 이상의 물량주의와 성과주의에서 벗어나 내실 있고 체계적인 교육훈련과 실천운동을 통해 하나님의 자녀로서의 정체감을 심어주며 세상의 빛과 소금의 역할을 감당할 수 있도록 양육하는 것을 최우선적인 목적으로 삼아야 한다.

따라서 다음세대를 세우며 비전을 선포하는 다음세대 사역 역시 변화가 필요하다. "다음세대 사역을 부흥시켜야 한다."라는 명제는 오늘날 한국 교회에게 향한 준엄한 하나님의 피할 수 없는 명령이다. 현상적으로 다음세대 사역이 급속히 쇠퇴하고 있을 뿐 아니라, 이를 반전시키고자 하는 노력도, 의욕도 발견되지 못하고 있다. 물론 일각에서는 다음세대 사역의 활성화에 대한 논의가 일고 있지만 미미하거나 분산되어 하나의 힘으로 결집되지 못하고 단발성 구호에 그치고 있다. 다음세대 사역은 점점 침몰해 가는데 한국교회는 무기력하게 바라볼 수밖에 없다는 사실이 안타깝다.

그러나 외형적인 몸집만 불리는 성장일변도의 부흥이 아니라 다음세대 사역의 활성화를 통해 체계적인 성장을 할 수 있도록 구체화하는 작업이 필요하다. 그러기 위해서는 다음세대 사역의 쇠퇴 원인을 먼저 분석해야 한다. 그리고 그 원인을 극복하기 위한 이론적 토대를 마련하고 이를 근거로 구체적인 실천이 필요하다. 필자는 다음세대 사역이 쇠퇴한 원인으로는 네 가지를 들어보려고 한다.

첫째, 다음세대 사역 현장에서 경건한 예배가 상실된 것에 있다. 다시 말해 하나님 한 분 만을 섬겨야 할 교회가 바알을 섬기듯 '학교 성적'과 '성공 지상주의'라는 세속적 가치를 가장 중요한 가치로 우선시 해왔다는 사실이다. 중간고사와 학기말고사 그리고 모의고사를 이기지 못하는 교회학교는 더 이상 세상의 빛과 소금으로 살아갈 수 있도록 만드는 영적 공급함을 충분히 제공하지 못하고 있다. 다시 말해 한국교회 다음세대 사역의 부흥은 경건한 예배를 회복하는 것에서부터 시작된다는 사실을 명심해야 한다.

둘째, 교회학교 교사의 사명의식이 결여되었다. 신앙의 선배들은 가르치는 것에 최선을 다해 목숨을 걸었고 영혼을 섬기는 것이 교회학교 교사의 최대 사명이라고 생각했던 반면 요즘은 누구나 할 수 있는 봉사라고 생각하고 아무나 들어와서 아이들을 단순히 지켜보는 일 정도로 인식하고 있다. 그래서 교회봉사를 하려면 교회학교부터 시작하는 것이 상식처럼 이야기되고 있다. 그러나 한번 생각해보자. 교육은 아무나 와서 시작하는 단순한 일이 아니다. 교회에서 가장 중추적인 역할을 감당해야 할 핵심인력이라는 사실을 기억하자. 교회의 허리를 세우는 일은 다음세대를 위한 교육활동에 핵심인력을 우선 배치해야 한다는 사실이다.

셋째, 다음세대의 교회문화가 청소년이 주체적으로 활동하는 것이 소멸되었다. 2000년대 전만 해도 교회는 대한민국 청소년문화를 양산해내는 매우 중요한 공간이었다. 그러나 2000년대 초반 이후 청소년문화는 더 이상 교회가 주도하지 못했다. 그리고 아이들의 관심은 교회가 아닌 세상으로 향했고, 아이들 스스로 향유했던 문화가 어느 순간 교사나 학부모가 대신해주게 되는 상황으로 돌변했다. 여러 가지 이유로 어른들 먼저 청소년들이 누려야 권리를 박탈하고 그들에게 더 이상 스스로 교회활동을 주도할 수 있는 기회를 제공하지 않았던 것은 아닌지 생각해볼 필요가 있다. 이름만 유지되는 교회 청소년축제, 친구 초청 잔치, 교회대항 체육대회, 신입생 환영회, 수련회 등은 예전에는 다음세대 청소년부 임원들 주축으로 학생들 스스로 활동했던 것을 생각해보자. 그때는 교회에 오는 즐거움이 있지 않았는가.

넷째, 교회 재정과 당회의 무관심이다. 무관심은 어떠한 차별보다 더 큰 화근이 될 수 있다. 교회 재정을 배정하다 보면 우선순위에서 밀려나는 것이 종종 교회학교다. 어쩌면 재정배분에 따른 관심 여부가 한국교회에서 다음세대 사역의 위치를 예견할 수 있는 척도가 아닐까.

다음세대를 위한 최선의 전략은
예산으로 나타난다

다음세대를 위한 교회교육은 한국교회와 민족의 장래를 결정짓는다. 그러므로 교회교육은 '백년지대계'에서 '영혼지대계' 위에 세워져야 한다. 교회교육은 시험이나 실험의 대상일 수 없고 어느 한 사람의 판단으로 좌지우지되는 정책의 변용을 따라 이렇게 저렇게 변형 되어져도 무방한 것이 아니다. 그럼에도 우리나라의 교육정책과 같이 교회교육 또한 정권이 바뀔 때마다 바뀌듯 교육전담 교역자가 바뀔 때마다 바뀌어 왔다. 학교교육에서 대학입시의 형태는 주무장관이 바뀔 때마다 '교육개혁'이라는 명목으로 떡 주무르듯 주물러 입시 준비생들을 혼란에 빠뜨려왔듯이 교회교육을 담당하는 교역자들이 단기간 사역임에도 불구하고 자신에게 맞는 교회 교육을 실시한다는 명목 하에 교육정책과 교육철학을 무시하는 흥미위주와 행사위주의 교육을 실시하여 뿌리 없는 나무와 같은 현실을 만들어 왔다. 이러한 혼란은 한국교회 130여 년 동안 고스란히 교회교육 속에 관습화 되어왔다. 이제는 더 이상 교회학교의 교육정책과 교육과정이 교역자의 변동과 함께 변화되어서는 안 될 것이다.

기독교교육이 왜 필요하고 교회가 그것을 왜 강조해야 하는지를 되짚어 보고자 한다. 기독교세계관에 따르는 하나님의 사랑을 실천할 수 있는, 더불어 살아가는 길을, 혼자 이기기보다는 함께 패배하는 길을, 넓은 길보다는 좁은 길을 택하는 신앙적 정신을 다음세대에게 가르쳐야 할 것이다. 기독교교육은 앞으로도 물질만능주의와 향락주의를 향한 싸움을 지속해가야 할 것이다. 이 땅의 모든 교회가 이 싸움을 지원해야 한다. 전국 모든 교회의 교회예산이 이 싸움을 직시하고 세워졌으면 하는 바람이다.

교회예산 편성하기

사업은 예산의 뒷받침을 필요로 한다. 예산 작업은 단순히 예산을 편성하는 일로 끝나는 것이 아님을 우리는 잘 알아야 한다. 예산을 편성하는 일은 한 해를 계획하는 일의 핵심적인 과제이다. 예산서만 살펴보아도 그 교회의 형편을 어느 정도는 알 수가 있으며, 그 교회가 지향하는 목표도 짐작할 수가 있다.

예산을 편성할 때마다 대부분의 교회는 어려움을 경험하게 된다. 하고 싶은 일, 반드시 해야 할 일은 많은데 재정 수입이 그에 이르지 못하기 때문이다. 비교적 규모가 크고 예산이 넉넉하다고 알려진 교회도 그 나름대로 애로가 있고 규모가 작은 교회는 말 할 것도 없다. 교회마다 해야 할 일이 내

외적으로 산적해 있기 때문이다.

마음 같아서는 이것저것을 다 추진하고 싶으나 예산의 뒷받침이 안 된다는 것이 목회자들의 고충이다. 그러나 예산편성에는 우선순위라는 것이 있다. 교회가 꼭 해야 할 우선적인 목적사업에는 부족한 예산이지만 우선적으로 편성하게 된다. 그동안 교회성장과 건축을 위해 예산배정이 우선적으로 정해져 있었다면, 이제는 교회학교에 아니 다음세대를 세우는 사업에 예산배정이 우선순위를 가질 수 있길 소망해 본다.

교회학교 예산을 전체예산의 20%까지 확보하기

최소한 교회예산의 5%는 확보했으면 한다. 그러나 정말 유럽의 교회들처럼 다음세대가 없는 박물관 같은 교회를 꿈꾸지 않는다면 교회 전체예산의 20%를 확보하고 교회학교와 청소년교육이 안정적 성장할 수 있는 기반을 마련해야 한다.

그동안 <청소년교육 칼럼>을 쓰면서 한국교회의 교회교육의 작은 문제들을 지적하고 개선 할 수 있는 방향들을 찾아보았다. 하지만 이 부분에 대한 전문성과 글쓰기의 서투름이 독자들에게 행여 어려움을 안겨주진 않았나 걱정도 많이 했다. 이렇게 마지막 칼럼을 통해서 그동안 꼭 하고 싶었던 이야기를 정리하고 마무리할 수 있어 기쁘다. 한국의 모든 교회학교 예산을 각 교회의 전체예산의 20%까지 배정하여 확보할 수 있는 운동을 정식으로 제안하며 그동안의 집필을 마무리하고자 한다. 그리고 다시 '청소년의 가슴에 그리스도의 비전을' 전하는 사역 속으로 들어가 보자.

뒤바뀐 세상 다음세대 사역
"지역거점중심" 사역으로

세상이 뒤바뀌었다. 어느 누구도 생각하지 못한 세상이 열렸다. 경험해 보지 못한 세상! 그래서 어느 누구도 예측하지 못했던 세상이다. 바로 코로나 19 바이러스를 통해 변화한 세상이다. 언택트로 대변하는 비대면 사회, 직접 마주하거나 접촉하지 않고 모든 일상생활을 해야 하는 시대를 경험하였다.

2020년 초 우리는 아무도 예상하지 못했다. 모든 학교의 교육이 인터넷을 활용한 사이버강의, 즉 비대면 수업 형태로 바뀌었다. 해외에 나가있는 가족들이 한국으로 다시 돌아오지 못할까 봐 걱정하게 되었다. 그리고 무엇보다도 일상에서 마스크를 쓰고 사용해야 하며 음식점과 카페, 노래방, PC방 등 다중이용시설에서조차 감염을 조심해야 한다는 것이 현실이 되어 버린 사회가 될 줄은 몰랐다.

분명하게 말할 수 있는 건 우리가 위기를 맞이했다는 사실이다. 그러나 위기는 '위기와 기회의 복합적인 언어'라고 한다. 왜냐하면 그 위기를 헤쳐 나갈 방안을 모색하여 더 나은 변화를 가져올 수 있기 때문이다. 그렇다면 한국교회 다음세대 사역이 현재는 위기이지만 앞으론 기회가 될 수 있는 방법은 무엇이 있을까를 생각해 본다.

코로나19 바이러스는 바다에서 만난 태풍처럼 참 무섭고 두려운 존재가 되어버렸다. 우리는 코로나19 바이러스가 두려워 아무것도 하지 못했다. 그러나 바다에게 태풍이 나쁘기만 한 것은 아니라고 한다. 예를 들어 태풍이 바다에 꼭 필요한 이유로 대기를 순환시켜주고, 바다의 녹조와 적조를 갈아 엎어주며, 더 나아가 바다 생태계를 활성화 시켜주는 역할을 하는 지점이 있기 때문이다.

"태풍이 바다에 필요한 이유와 같이 혹시 코로나19도 한국교회 다음세대 사역에 필요한 부분은 없을까?" 라고 엉뚱한 생각을 해보았다. 한국교회 다음세대 사역에도 분명 코로나로 인하여 큰 변화가 시작되었다. 교회학교도 변하고 교육적 생태계도 변하고 있다. 그 변화 속에 내린 십대지기 고민의 결과는 지역거점중심사역을 마을단위, 지역단위 중심에 있는 학교중심으로 구성하여 전략화 하자는 것이다.

그렇다면 왜 다음세대 사역이 지역거점중심사역이여야 하는지에 대하여 한국교회 다음세대 생태계를 중심으로 이야기하고 싶다.

지역과 마을 이해하기

우리가 고민하고 싶은 단위인 지역을 다른 표현으로 마을이라고 한다. 지역사회에서는 마을공동체라고 말하고 있다. 그렇다면 마을공동체에 대하여 알아보자. 마을 공동체는 90년대 지방자치를 시작으로 주민들과 지역의 리더를 맡고 있는 사람, 시민활동가들이 지역공동체의 회복을 도모하고 활성화를 위한 자발적인 노력을 전개하면서 생겨났다. '마을'이란 단어는 촌락과 같은 뜻으로 동 단위 보다는 작은 규모의 공간으로 일상생활을 함께 하면서 소통을 바탕으로 공동체 문제를 해결해 나가는 사람들이 모여 있는 공간을 의미한다. 즉 마을 공동체란 주민들이 모여 자신들이 속해있는 마을에 관한 일을 주민들 스스로 해결하고 결정하는 것을 말한다. 그러나 마을공동체 안에 즉, 마을 속에 있는 교회는 있지만 함께 협력하는 마을 공동체는 존재하지 않는다. 교회중심의 마을 이야기는 있다. 마을을 선교적 대상으로 바라보며 마을목회를 하는 이들은 있다. 그러나 그 공동체 단위 안에서 함께 협력하여 다음세대 사역을 공동으로 전략화 하는 마을단위 다음세대 사역공동체는 없다.

현재 한국교회 다음세대 사역의 특징

"한국교회에 다음세대 사역의 트랜드가 있었을까?"라고 말할 정도로 오랜 기간 동안 한국교회의 다음세대 사역은 교회 안에서는 주일 공과공부와 계절 수련회가 전부였다. 그리고 교회 밖에서는 연합수련회와 학교기도회가 전부였던 것 같다. 이 부분에 대한 공과를 평가하거나 기여도를 평가 절하하자는 의도는 결코 없다. 그러나 한국교회의 청소년 사역의 생태계가 매우 많이 부족하다는 표현을 하고 싶다. 적어도 너무 적다. 다음세대가 교회 안에서 경험해야 할 다양한 부분이 없어졌다. 이전에 있던 것조차도 사라져 버렸다.

그 이유 중 하나는 비전문성과 개교회주의라고 생각한다. 교회 안에서 청소년 사역을 담당하는 지도자들의 전문성은 목회를 위한 신학전공자가 주가 된다. 다음세대를 이해하고 그들의 문화와 교육 등 다음세대 생태계와 호흡하는 지도자는 매우 부족하다. 교육부서의 직함은 성인 목회로의 전환하는 단계중 하나로 생각했던 것도 사실이다. 특별히 교회 안에서 유일하게 다음세대 사역을 위한 전공분야의 공부를 한 기독교교육학과 출신들도 교회 안에서는 특별한 위치와 역할을 감당하지 못하고 있다. 교회중심의 다음세대 생태계는 존재하지 않는 것 같다. 그러므로 지역에 전위시킬 생태계도 존재하지 않는다.

지역거점중심으로 다음세대 생태계를 확산하자

코로나19로 변화된 세상이 기회다. 거시체계와 미시체계 그리고 생태학적 공간으로서의 다음세대 사역을 시작해 보자. 그러기 위해서는 비전문성과 개교회주의를 해결해야 한다. 비전문성에 대해서는 개인의 역량에서 재레드 다이아몬드박사가 자신의 책인『총, 균, 쇠』에서 이야기한 환경적 체계로의 전환을 시도해볼만 하다.

지역에는 내가 생각하는 것보다 더 많은 전문성을 갖춘 헌신자들이 이미 존재하고 있다. 거점중심의 청소년 사역자들의 개인적인 역량에서 전환하여 같은 지역, 같은 마을에서 함께 다음세대 사역을 준비하는 건 어떨까? 마을에서 함께 목회하고 있는 목사님들, 다음세대 사역에 관심 있는 크리스천 지역 전문가들이 지역중심으로 다음세대사역협의회를 구성하여 다음세대 선교전략과 선교방향을 함께 설정하여 집단지성으로 해결 해보는 것을 적극 권장하고 싶다.

그리고 개교회주의는 이제 역사에 뒤로 돌려보내야 한다. 내가 개척하고, 내가 목회를 했으니 혹시 나 혼자 책임을 지면된다고 생각하고 있는 건 아닌지 모르겠다. 그래서 그런지 한국교회의 목회는 참 힘들다. 특히 개척목회는 정말 힘들다고들 한다. 특별히 다음세대 사역에 있어서는 코로나 이후 더 힘들어졌다. 우리에겐 거시적인 목적인 내 삶의 지역을 하나님의 나라로 변화시켜야 하는 선교적 사명이 있다.

현장이 변하고 있다. 청소년들이 있는 학교와 학원 그리고 그들의 문화가 변하고 있다. 그렇다면 이제는 교회가 변해야 한다. 혼자가 아니라 다음세대 사역협의회라고 하는 지역거점 선교공동체를 통해 함께 해야 한다. 지역과 마을 공동체의 중요성을 담은 아프리카의 속담을 기억하는가? "한 아이를 키우기 위해서는 한 마을이 필요하다."라는 이 속담을 한 지역에서 함께 목회하는 교회에도 적용해볼 필요가 있다. 내 교회, 네 교회 아이가 정해져 있다. 앞으로 다음세대 사역은 지역을 중심으로 교회가 교단과 상관없이 함께 선교적 전략을 수립해야 한다.

지역거점중심 사역모델 1

지역과 마을을 중심으로 지역교회, 지역선교단체, 지역학교와 학원(청소년)의 선교적 주체들이 함께 각 자의 전문성으로 다음세대 사역을 전략화 해보자. 지역교회의 특성상 교단과 목회 스타일 등이 모두 다르기에 공동의 사안을 만들어 함께 논의하는 것부터가 쉽지 않은 일이다. 하지만 포기하지 말고 공동의 가장 큰 목표인 다음세대를 예수그리스도의 복음으로 인도하겠다고 하는 선교적 비전을 공유하는 마음으로 함께 해야 한다.

교회와 교회를 연결하는 역할을 지역선교단체가 맡았으면 한다. 지역교회가 교회간의 협력을 위해 함께 사역할 때 가장 힘들어하는 이유 중 하나가 혹시 내 교회 아이들이 이 일로 인하여 다른 교회로 이탈하지 않을까 하는 걱정 아닌 걱정 때문이다. 그래서 역할분담이 필요하다. 큰 교회, 작은 교회, 같은 지역에 있는 교회들이 함께 다음세대 사역을 위한 선교적 생태계를 조성해보자는 것이다.

여기에 또 하나의 축이 학교와 학원이다. 학교는 오랜 시간 전부터 교회의 다음세대 사역에 파트너로 함께했다. 그러나 서로에 영역이 너무나 분명해서 함께 사역적 전략을 수립하는 단계까지는 가질 못했다. 학교 안에 기독교사 신우회 또는 좋은 교사모임 등 다양한 기독교사 모임들과의 적극적인 상호 협력적 관계를 조성해야 한다.

지역교회가 지역학교에 장학금을 신우회를 통해서 지급하는 방식이나 지역교회와 지역선교단체가 학교 안에서의 활동을 기독교사모임에서 브릿지 역할을 감당해 주는 방식으로 서로의 교점을 확대해 나가야 할 것이다. 왜냐하면 선교는 대상자가 있는 곳으로 가야 한다. 학교와 학원은 다음세대인 청소년들이 가장 많은 시간을 보내는 곳이다.

지역거점중심 사역모델 2

코로나19 이후 침체되어 있는 다음세대 사역 중 특별히 1318세대의 선교전략으로 지역 중·고등학교를 중심으로 지역교회의 다음세대 사역연합모델을 전략화하기를 주장한다. 더 나아가서 지역 중·고등학교 선교사역협의체 구성을 통해 지역 초등학교 선교사역으로의 확산을 기대할 수 있다.

중·고등학교를 중심으로 협의체를 구성해야 하는 이유는 다음세대들의 지역생활 반경과 공감하는 삶의 문화가 같은 지역을 중심으로 형성하는 것이 바람직하기 때문이다. 학교설치 기준으로 확인 할 때, 도시·군 계획시설의 결정을 살펴보면 다음과 같다.

구조 및 설치기준에 관한 규칙 제89조 1항 10번에 초등학교는 2개의 근린주거구역단위에 1개의 비율로, 중학교 및 고등학교는 3개 근린주거구역단위에 1개의 비율로 배치해야 한다. 다만, 초등학교는 관할 교육장이 필요하다고 인정하여 요청하는 경우에는 2개의 근린주거구역단위에 1개의 비율보다 낮은 비율로 설치할 수 있다.

여기에서 초등학교 기준인 2개 근린주거구역은 4천~6천 세대를 의미하며, 중학교 및 고등학교의 기준인 3개 근린주거구역은 6천~9천 세대를 말하고 있다. 중·고등학교 설치기준에 의한 반경 안에 있는 지역교회 숫자를 예측 해본다면 도시기준으로 20~30교회 정도가 된다. 그 중 함께 협력 할 수 있는 교회 10여 개 교회가 함께 하여 지역거점중심 다음세대사역을 위한 연대를 만들 수 있다.

지역거점중심 사역을 다음세대 선교 생태계 조성 사역으로

지역에 중·고등학교 중심으로 구성된 가칭 다음세대사역협의회인 선교사역협의회는 지역거점 중심으로 다음세대 사역을 위한 지역거점 중심 기독 청소년들을 위한 선교 생태계를 조성하는 사역으로 사역에 지향점을 넓혀가길 바란다.

다음세대 기독교적 생태계란, 내가 살고 있는 지역을 중심으로 기독청소년 문화가 자리 잡을 수 있도록 해보자는 것이다. 이전 세대들은 마을 단위에서 생활을 할 때 너무나도 자연스럽게 교회의 종소리를 들었으며, 성탄절과 부활절에 교회에서 함께 연극과 찬양 그리고 레크리에이션을 하며 놀기 위해서, 친구들을 만나기 위해서 교회를 찾아야 했던 시절이 있었다. 이와 같이 우리 지역과 마을에서 청소년문화의 중심을 교회로 옮겨볼 수 있다면 다음세대들의 신앙생활의 선택을 기독교라고 말하며 살아갈 수 있지 않을까 한다.

서울상계교회 서길원 목사는 크리스천투데이 인터뷰 기사에서 "우리나라 청소년 숫자가 약 200만 명인데, 그 중 7만6천 명, 그러니까 3.8% 정도만 예수를 믿는다고 한다. 선교학에서 보통 복음화 율이 3%대 이하면 미전도 종족이라고 하는데, 그 만큼 지금 상황이 심각한 것이다."라고 말한 적이 있다. 다음세대가 속한 학교에서는 이러한 현상이 더욱 심각하다. 한 학급당 25명 정도로 구성된 학급에서의 현실은 통계학적으로 접근한다면 교회를 다니고 있는 학생은 한 반 당 0.75명 정도를 의미한다. 한 반에 한 명도 없다. 이것이 현실이다. 중식시간에 식사기도를 하려면 눈치가 보이고, 학교에서 성경을 펴 놓고 읽기에도 큰 결심이 필요한 형편이다.

현재 지역교회 청소년부서는 더욱 심각하다. 현재 예배를 드리지 못하는 청소년부서의 비율이 매우 높아지고 있다. 아니 드리고 싶어도 청소년들이 없다. 있어도 한두 명이 전부다. 이제는 함께 해야 한다. 같은 지역에 있는 교회들이 함께 모여 내 교회 청소년과 이웃교회 청소년들이 한자리에 모여서 교회의 문화와 정서를 공유하고 함께 지역 기독청소년 문화를 만들어가는 것은 매우 중요하다.

다음세대를 위한 기독교적 복음생태계를 구축하라

첫째, 문학의 밤을 마을축제로 확장 시켜야 한다. 한동안 다음세대 사역자라면 누구나 기대하며 날밤을 세워가며 준비했던 문화의 밤이 이런저런 이유로 더 이상 교회 행사에서 찾아볼 수 없게 되었다. 청소년들이 스스로 기획하고 청소년들이 주인공이 되는 무대가 사라진 것이다. 수많은 연예인들이 교회 문화의 밤을 통해 생애 첫 기타를 쳐보고, 드럼을 연주하고 연극에 출연해보는 경험을 우리는 더 이상 들을 수 없게 되었다. 이제 교회의 다음세대 프로그램은 짧은 예배와 힘에 겨운 공과공부 시간이 전부다. 생동감도 없고 미래지향적이지도 않다. 함께 섬기는 선생님들도 지도자들도 방향을 잃어버린 돛단배처럼 그냥 물결 따라 가듯이 시대의 변화를 거슬러 올라가지 못하고 그저 바라만 보고 있다. 혼자가 아니면 함께 해야 한다. 내 교회 청소년들이 부족하다면 이웃교회 청소년들과 함께 모여 다시 시작해야 한다. 교회의 무대가 없다면 지역사회에 마을회관이나 복지관 강당 또는 학교 체육관 또는 시청각실을 대여하는 방법으로 할 수 있다. 너무 좋은 대안이 될 것이다.

지역교회들의 연합으로 구성된 문화의 밤이 마을축제로 변화되어 다양한 문화 콘텐츠를 선보이고 끼가 있는 청소년들이 자신의 달란트를 찾아갈 수 있는 기회의 장으로 변화되어야 한다. 이를 위하여 공동 예산과 공동 기획단을 구성하여 지역선교단체의 전문성을 활용하여 지금 당장 시작해보자. 학교의 선생님들 중 기독신우회 회원들이 함께 참여하는 프로그램을 적극적으로 권장 한다.

둘째, 수련회를 마을캠프로 변화시키자. 다음세대 사역 중 가장 중요한 사역 중 하나가 수련회다. 수련회의 양적 시간은 1년 52주간 동안 무결석으로 교회생활을 한 양적 시간만큼의 시간을 확보할 수 있다. 그래서 수련회는 양보할 수 없는 너무나 중요한 다음세대 사역이다. 그러나 그 동안 작은 교회는 선택의 기회도 없이 전국연합수련회, 아니면 노회나 지방회에서 주관하는 연합수련회에 참석해야 했다. 한국교회의 전국연합수련회의 기여도는 매우 중요했다. 그리고 대안이 되었다. 그러나 이젠 패러다임을 바꿔야 한다. 생활환경이 같은 지역거점중심의 교회들이 함께 모여 연합으로 수련회를 기획해보자. 말씀과 기도로 은혜를 경험하고 수련회 이후 지역사회에서 교회의 역할을 어떻게 해야 할 것인지에 대한 방향을 설정하는 수련회 다음이 있는 수련회가 되었으면 좋겠다.

삶으로 살아내야 할 마을단위에서 내가 사는 동네와 지역에서 수련회 후 어떻게 살 것이며 무엇을 실천할 것인지를 함께 의논하고 결정하고 실천해보자. 그렇다면 변한다. 다음세대가 변하면 교회가 변하고, 교회가 변하면 지역이 변한다. 아니 변하고 말 것이다. 그러니 지역교회 수련회를 지역교회 연합수련회로 변경하여 진행하고 지역교회 연합수련회가 마을캠프로 변화되어 교회가 마을을 위하여 해야 할 사역을 다음세대 때부터 함께 생각하고 실천해보자는 것이다.

셋째, 각종 경연대회를 교회가 주최하자. 다음세대들은 무대를 좋아한다. 아니 무대에 올라가기 위해 준비하는 과정을 통해 성장한다. 교회가 그 장을 만들어 줄 수 있다면 자연스럽게 교회는 다음세대의 다양한 끼를 발산하는 장이 될 것이다.

예를 든다면 CCM, CCD 경연대회를 교회별 경연대회로 진행해볼 수 있다. '스트릿 우먼 파이터'나 '쇼다운'에 나가는 팀이나 멤버들 중 교회경연대회 출신이 나타날 것이다. 다양한 경연대회가 필요하다. 작은 무대라도 좋다. 자녀가 무대에 올라가서 피아노를 치고 바이올린을 켜고 교회가 주최가 되어 3:3 농구대회에 출전한다면 그 부모는 당연히 교회가 마련한 그 곳으로 오게 되어있다.

지역거점 교회연합으로 축구팀을 만들어 다른 지역거점 교회연합팀과 정기전을 해보는 것도 좋겠다. 교회를 통해 다음세대들을 만나게 해보자. 모이고 만나야 역사가 일어난다. 혼자는 힘들지만 함께하면 가능하다. 혼자 꾸는 꿈은 꿈이지만 함께 꾸는 꿈은 현실이 될 수 있다는 말을 상기시켜보고 싶다.

지역을 거점으로 더 나아가 중·고등학교를 중심으로 같은 생활권과 문화를 가지고 있는 지역거점중심 다음세대를 위한 교회연합은 이제는 선택이 아니라 필수 사역이 될 것이다. 지역교회연합에는 지역교회와 지역선교단체 그리고 지역학교와 학원이 함께 해야 한다. 다음세대는 스스로 기획하고, 스스로 실천할 수 있는 능력이 있는 존재들이다. 교회는 다음세대들이 처음으로 문화를 기획해보는 첫 경험을 주어야 한다. 다음세대들이 날개를 펴고 날아갈 수 있도록 환경적 생태계를 만들어주면 된다. 코로나19 바이러스로 인하여 혼자서는 힘들다는 결론을 내렸다. 그렇다면 함께하자, 함께 내가 살고 있는 지역과 교회가 있는 지역을 다음세대 복음 생태계로 만들어 보자.

4부
다음세대와
다음세대 이해하기

청소년 변화의 시작은
자기애(自己愛)

가출 청소년들이 처음 청소년쉼터에 찾아오면 무의식적으로 던지는 공통적인 말이 있다. "저는 제 자신을 믿지 않아요."라는 말이다. 정말 마음이 아픈 말이다. 자신을 가장 사랑해줘야 할 부모에게도 버림받고 싫다는 말을 듣는데, 그리고 가장 친하다고 생각했던 친구도 날 배신하고 떠나는데 왜 선생님은 나를 포기하지 않는지 이해할 수 없다고 그 아이들은 말한다.

사역 현장에서 아이들을 만나면서 '자기애'가 없음을 발견한다. 자신을 사랑해야 할 사람이 없다는 말이다. 사랑이 가장 필요한 아이들인데 사랑 따위는 필요 없다고 말하는 모순 속에 스스로를 묻어버린 것이다. 그래서 우리 청소년들은 자기 자신을 사랑해야 할 가장 중요한 사람이 자기 자신이어야 한다는 사실조차 기억하고 싶지 않은 모양이다.

사람들은 흔히 아름다운 사랑을 하기 위해서는 먼저 자기 자신을 사랑하는 방법을 배워야 한다고 말한다. 자기 자신을 사랑하고, 사랑할 줄 알아야 다른 사람도 제대로 사랑할 수 있기 때문이다. 나 자신을 결정하고, 표현하는 대상은 언제 어디서나 함께 하는 자기 자신이기 때문에 세상 그 누구보다도 나를 먼저 사랑할 필요가 있다는 것이다. 특별히 자기정체성을 찾아가는 청소년들에게는 꼭 필요한 덕목이 될 것이다.

위기에 빠져있는 청소년이 만일 지금부터 내가 자기 자신을 사랑하겠다고 마음먹는다면 좌절하고 있는 모습과 무기력한 상태에서 벗어나 지금 현재 내게 상처를 주고 있는 모든 것에 긍정적인 반발심을 가지게 되며 어떻게든 그것을 뛰어넘기 위해 노력하고 그것을 효과적으로 해결하기 위한 지혜를 모색하게 될 것이라고 생각한다.

우리 인간은 누군가를 사랑한다면 그 자체로 누군가의 모든 면들이 아름답게 보이고 그는 가능성이 있는 존재로, 또한 위대한 존재라고 생각하게 된다. 그와 동시에 그러한 존재에 어울리는 생각과 행위들이 뒤따르게 될 것이며 그를 무너뜨리거나 비참하게 만드는 것에서는 과감하게 벗어나려고 할 것이다. 그것이 자기 자신이라고 하더라도 말이다. 그러나 이러한 사랑의 수고가 그리스도 밖에서의 사랑이라면 그것은 자신의 마음만을 채우는 욕심과 욕망으로 마무리된다. 자아만족이나 자아도취가 아닌 진정한 사랑을 알고 싶다면 그리스도 안에서의 참된 자기사랑을 찾을 수 있는 복을 누리게 될 것이다. 또한 우리 청소년들에게도 이와 같은 그리스도 안에서의 자기애가 필요하다.

그렇다면 누가 이들에게 진정한 자기애를 가르칠 수 있을까? 부모님도, 친구들도, 학교 선생님도, 사회도 모두 위험에 노출된 청소년들에게 비행이란 말로 포장하고 등을 돌려 외면하고 있는 현실 속에서는 불가능하다고 말해야 한다. 교회와 사랑 앞에서 너무 멀리 가버린 위기 청소년들에게 진정한 자기애의 회복을 위하여 손을 내밀 수 있는 대상은 기독교사와 교회 지도자들의 몫이 아닐까 생각한다. 사랑불감증에 걸려버린 청소년들에게 현장 경험으로 미뤄봤을 때, 다시 사랑을 회복시켜 줄 수 있는 다음의 세 가지 방법을 제시해볼 수 있다.

첫째는 부모와 같은 사랑이 필요하다. 가장 기본적인 사랑에서 실패를 한 아이들에게 그리스도의 사랑으로 부모의 사랑을 느낄 수 있도록 해야 한다. 살인자나 성폭력범을 이 세상사람 모두가 욕하고 정죄한다. 그러나 끝까지 이를 깨물고 참고 견디며 함께 아파하는 사람이 있다. 그건 바로 그 사람의 부모님이다. 소외 청소년들에게 부모 같은 사랑을 회복시키기 위해서는 끝까지 견디는 무조건적인 긍정적 관심이다.

둘째는 친구 같은 사랑이 필요하다. 친구의 사랑은 부모님의 사랑과는 차이가 있다. 부모의 사랑은 무조건적인 사랑이라면 친구의 사랑은 조건이 있다. 위기 및 소외 청소년들은 서로 함께 사랑을 나누어 보는 작업을 경험하지 못한 아이들이다. 사랑도 나눌 수 있다는 사실을 경험할 수 있도록 도와야 한다.

마지막으로는 전문성으로 돌봐야 한다. 상처받은 자아를 소생시키기 위해서는 사랑이 약이다. 그러나 치유된 자아를 위해서는 부단한 훈련이 필요하다. 체계화된 제자훈련과 사회관계성 훈련 프로그램을 통해서 이제는 성숙한 교회의 일원으로 성장할 수 있도록 도와주어야 한다. 그러기 위해서는 교회학교 지도자들이 전문성을 갖추고 있어야 한다.

교회학교 스마트폰 또는 인터넷 중독 어떻게 도울 것인가

우리는 고도로 발달 된 매체들 속에서 수많은 다양한 사람들과 만나면서 서로의 정보를 공유하고 의사소통하는 상황 속에서 살고 있다. 불과 10년 전만 하더라도 스마트폰 중독, 인터넷 중독과 게임방이라는 것은 우리와는 아무 상관없는 이야기였다. 그러나 지금은 어린아이부터 어른에 이르기까지 가깝게는 집안에서 또는 PC방에서, 학교에서 그리고 직장에서 다양하게 사용하고 인식하고 있는 현실이다.

특히 우리나라는 전 세계에서 유례를 찾아보기 힘들 정도로 급속도로 인터넷 확산과 스마트폰이 일상화 되는 사회의 변화를 경험하고 있다. 1994년 13만 명이던 우리나라 인터넷 사용자는 2010년 3천만 명을 넘어 섰으며, 2020년은 4천만 명을 넘었다. 이는 국내 전체 인구의 85.5%에 해당하는 수치이다. 연령별로 보면 10대와 20대의 인터넷 이용률은 계속 증가

하고 있어 10대와 20대 인구수의 95% 수준을 넘어섰다. 스마트폰 보급률은 이제는 전 국민이 1인 1폰을 가지고 있는 것이 맞을 정도이다. 청소년 10명 중 7명이 온라인 게임을 하기 위해 스마트폰과 인터넷을 사용한다고 응답(한국정보문화진흥원, 2020)한 것을 비추어볼 때 우리나라의 스마트폰과 인터넷 사용률은 매우 높다.

그러나 이러한 스마트폰과 인터넷의 높은 사용률은 게임중독, 음란물 중독, 채팅중독, 인터넷 도박중독 등 역기능적인 증상들을 야기하며, 점차 사회적인 문제로 증폭되고 있다. 이로 인해 청소년들에게서 나타나는 과도한 온라인게임 사용이 사회문제로 나타나고 있으며 성적 저하, 시간관리 문제, 가정 내 마찰 증가, 사회성 문제, 심한 경우 학교를 중단하거나 신체적인 무기력으로 인해 일상생활을 할 수 없는 사례가 나타나고 있다.

또한 초고속 정보통신망인 5G는 교실까지 보급되어 학생들은 교실에서 마음대로 인터넷과 스마트폰을 사용할 수 있으며, 새로운 게임을 하거나 음악을 듣기도 하고, 몰래 음란물을 감상하기도 한다. 즉 정규수업 시간이 아닌 휴식시간이나 점심시간에 학교에서 설치한 방화벽을 통과하여 어떤 사이트라도 그들 마음대로 접속하고 있는 상황이다. 사실상 많은 문제점이 있다는 것은 인식하고 있지만, 학생들의 스마트폰과 인터넷 사용에 관한 체계적이고도 적절한 교육은 아직 제대로 이루어지지 않고 있다. 그러므로 청소년들의 건강한 성장과 발달을 위한 장으로 활용되어야 하며 이를 위해 가정, 학교, 그리고 사회가 잘 도와주어야 할 책임이 있다.

그렇다면, 무방비로 스마트폰 사용에 노출된 우리 아이들을 어떻게 지도해야 할까? 이에 대한 대안을 다음과 같이 네 가지로 정리해 보았다.

첫째, 학생들과 친해지는 것이 스마트폰 또는 인터넷 중독을 확인하는 일보다 더욱 중요하다. 중독이 의심되는 학생을 만날 경우 처음부터 중독 여부를 확인하는 검사를 실시하는 것은 좋지 않다. 왜냐하면 학생은 본능적으로 자기 자신을 방어할 것이기 때문이다. 따라서 교사는 학생에게 '인터넷 중독'보다는 '과다사용' 또는 '과몰입'이라는 용어를 사용하며, 더 나아가 학생이 교사를 친밀하게 여길 수 있도록 배려해야 한다. 학생과 친밀한 관계가 형성된 다음 단계로 중독에 대한 문제를 다루는 것이 바람직하다.

둘째, 교사가 스마트폰 게임이나 인터넷 세상을 잘 모를 경우, 청소년과 대화를 통해 정보를 획득하는 것이 좋다. 교사가 학생들이 즐기는 게임이나 문화에 대해 정보가 부족하다고 해서 지도나 상담을 못하는 것은 아니다. 그 청소년이 즐기는 게임 종류, 내용, 가입한 길드, 혈맹, 클랜 등을 스마트폰과 컴퓨터를 켜놓고 직접 물어보면서 정보를 획득하는 것도 한 방법이다. 또한 커뮤니티활동이나 채팅에 푹 빠진 청소년의 경우에도 주로 어떤 사이트를 이용하며, 채팅 주제가 무엇인지 학생과의 대화를 통해 직접 정보를 얻으면 된다.

셋째, 부모와 합동작전을 하라. 청소년들은 스마트폰과 인터넷을 주로 자기 집 또는 PC방에서 사용한다. 대부분 부모가 인터넷과 스마트폰게임을 잘 알면 자녀의 중독률이 낮아지고, 부모와 교사가 학생에 대한 정보를 충분히 교환하면 시기적절한 예방과 대처가 가능하다. 따라서 교사가 중독학생을 학교 현장에서 지도할 경우 부모와 공동으로 대처하면 효과적이다.

넷째, 스마트폰 또는 인터넷 사용 수칙을 정해서 지키도록 지도한다. 구체적인 사용지침을 제시해 주고 실천을 격려해 주는 것이 효과적이므로 학생들에게 일주일에 하루를 스마트폰이나 인터넷을 사용하지 않는 날로 정하여 '스마트폰 休(휴)요일' 또는 '인터넷 休(휴)요일 프로그램'과 같은 자율적인 수칙을 정해서 실천하도록 격려하는 것이 좋다. 학생이 스마트폰이나 인터넷을 잘 조절하여 사용 할 경우에는 아낌없이 칭찬해주는 것이 바람직한 인터넷 사용습관을 형성하는데 도움이 된다.

청소년신앙교육,
가슴에서 머리로 전환할 때

지금 현재를 살아가고 있는 대부분 청소년들과 부모들에게는 '대학이 인생의 전부'인 것처럼 보인다. 요즘은 초등학생들까지 이 대열에 동참하고 있는 실정이다. 대학을 들어갈 때까지 매일매일 학교, 학원, 집을 오가면서 공부에 대한 부담감과 스트레스에서 벗어날 수 없는 현실에 놓여 있다. 청소년기는 자아정체성이 성립되는 시기이며, 여기에 따른 성장통으로 인해 내적인 불안정성과 혼란을 경험하게 되는데 청소년 스스로가 이러한 어려움을 감내하기란 쉽지 않다. 그래서 더 방황하게 되고 좌절할 때가 많다.

청소년들에게 잠시나마 스트레스를 해소하고 공부에 대한 부담감을 덜어 주는 것이 '미디어'로 대표되는 대중문화라고 할 수 있다. 청소년들은 대중문화를 즐기지만 그 배후에는 유혹의 손길이 자리 잡고 있다는 사실에는 쉽게 눈치를 채지 못하고 있다. 미션스쿨이나 기독교대안학교를 다니는 학생이 아니라면 대부분 다음세대의 경우 하나님에 대해 배우기는 어렵다. 대부분의 학교에서는 하나님을 믿지 말라고 강요하거나 예수님을 믿는 학생들을 공개적으로 비판하는 일은 거의 없다. 그러나 대부분의 학교에서 가르치는 지식에는 하나님은 없고 이 세상의 생성과 발달을 진화론에 기초해 설명한다. 그리고 하나님의 도우심이 없어도 과학과 기술을 통해 인간 사회의 발전을 도모할 수 있다는 과학기술주의에 기초한 것뿐이다. 청소년들은 이러한 상황 속에서 공부를 하면 할수록 하나님을 인정하지 않는 세속적인 인본주의의 영향을 받게 될 가능성이 매우 높다.

지금은 인간의 이성을 절대시했던 모더니즘을 넘어 절대적 진리의 존재를 부정하는 포스트모더니즘 시대이다. 서로 다른 관점만 있을 뿐 모든 지식은 상대적이라고 믿는 시대이다. 이러한 흐름은 기독교를 절대적 진리라고 생각하는 것을 용납하지 않는다. 기독교를 믿는 것은 개인의 판단일 뿐이다. 따라서 다른 종교들 역시 기독교만큼 옳다고 주장하고 있다.

이러한 맥락 속에서 서구의 세속주의에 환멸을 느낀 사람들이 힌두교와 불교와 같은 동양 종교와 영성에 관심을 가지기 시작했고 그러한 사상이 서구 문화의 옷을 입고 '뉴에이지'라는 이름으로 우리 앞에 서 있다.

이러한 상황에 직면한 가운데 교회의 현실은 어떠한가? 우리는 이미 서구의 교회들이 노령화되어 가고 있고, 점점 많은 교회들이 성도가 없어 문을 닫고 그 자리에 다른 종교의 성전이나 술집으로 사용되고 있음을 지켜보고 있다. 그러나 이것은 더 이상 서구만의 문제가 아니다. 최근 여러 통계 자료를 보면 불교 신자와 천주교 신자는 늘어나는 반면 유독 기독교인 숫자는 감소세를 보이고 있는 것을 볼 수 있다. 더욱 안타까운 현실은 교회학교의 학생 수가 급격히 줄어들고 있으며, 신실했던 아이들조차 대학에 진학하자 믿음을 저버리는 이야기들을 종종 들을 수 있다. 이에 대해 많은 청소년 사역자들과 교육자들이 큰 우려를 표하고 있는 것이 현실이다.

어느 신학자의 말을 빌려 표현하자면 "성경 이야기가 우리(아이들)의 모든 삶을 형성하지 못한다면 다른 이야기가 우리(아이들)의 삶에 영향을 줄 것이다." 그 결과 그들은 교회가 아닌 다른 곳에서 자신의 정체성을 찾고, 기독교와는 다른 생각을 자신의 사고방식으로 삼고, 다른 곳에서 기쁨과 즐거움을 누리게 될 것이다. 이들에게 신앙은 점점 개인적인 한 영역이며 생활의 한 부분으로 여겨질 뿐 절대적인 진리로 인식하지 않는다는 사실이다. 이러한 과정 속에서 그들은 점차 교회를 떠나게 되는 것이다.

낸시 피어시는 '가슴의 신앙'에서 '머리의 신앙'으로의 전환을 이야기하며 이성적이며 체계적인 기독교 세계관 교육에 대한 필요성을 다음과 같이 말하고 있다. "그리스도인 부모, 목회자, 교사, 청소년부 지도자로서 우리는 청소년들이 강력한 문화적 역류에 휩쓸려 가는 모습을 줄곧 목격하고 있다. 우리가 그들에게 전해 주는 것이 다만 '가슴의' 신앙에 불과하다면, 그것은 매력적이고도 위험한 사상의 유혹에 대처할 만큼 강하지 못할 것이다. 그러므로 젊은 청소년들에게는 '머리의' 신앙(세계관과 변증의 훈련) 또한 필요한데, 이는 그들이 교회와 가정을 떠날 때 접하게 될 다양한 세계관들을 분석하고 비판하도록 준비시켜 주기 위함이다. 그들이 일찍 경고를 받아 미리 무장을 할 경우, 나중에 동료 학생들이나 직장 동료들 사이에서 자신들이 소수파에 속한 것을 알게 되었을 때 적어도 싸울 기회라도 얻게 될 것이라는 사실이다. 청소년에게 기독교적 지성을 개발하도록 훈련하는 것은 더 이상 선택사항이 아니며, 그것은 기독교인으로 생존에 필요한 필수 장비가 된 것이다."

청소년을 알면
교육이 보인다

교회학교 교사로서 준비해야 할 것 중 하나가 교육대상인 청소년에 대한 이해와 관심이다. 이들에 대해 얼마나 알고 있는지에 따라 교사는 교육과 양육할 수 있는 범위가 정해지기 때문이다. 교사는 아는 만큼만 교육과 양육할 수 있다는 말이다. 청소년을 이해하기 위해 학자들의 견해를 통해 설명하고자 한다.

청소년기를 '질풍과 노도'(Sturm and Drang)의 시기라고 한 스탠리 홀의 견해는 청소년기를 바라보는 일반인의 시각에 많은 영향을 주었다. 청소년이 갈등하고 방황하고 반항하는 것은 아주 당연하고 오히려 필요하며 모든 인류에게 보편적으로 나타나는 현상이라는 것이다. 그러나 앨버트 반두라는 청소년들이 반드시 질풍과 노도의 시기를 겪는 것도 아니고 겪을 필요도 없다고 주장한다. 오히려 대중매체와 매스컴에 의해 이런 생각들이 대중적으로 형성되어 부모들이 동조하고 청소년들이 거기에 맞춰 행동한다고 말한다. 그렇다면 교회학교 현장에 있는 선생님들이 느끼는 청소년은 어떠한가? 장난꾸러기, 럭비공, 미숙함, 해맑음, 사춘기, 좌충우돌, 열정, 돌아이, 자존심 등 다양한 느낌으로 청소년을 이야기 할 것이다.

또한 청소년을 이해하기 위해 그들의 정서를 이해하는 것이 필요하다. 정서(emotion)라는 단어는 불어와 라틴어에서 유래된 것으로 '휘젓다', '혼란시키다'라는 의미가 있다. 이는 희노애락의 급격한 흥분상태를 의미하며 일반적으로 어떤 외적 자극이나 내적 자극에 의해 일어나는 변화를 계기로 하여 흥분을 경험하는 심리적 상태라 할 수 있다. 그런데 우리가 청소년을 보면서 내리는 평가 중 대표적인 것이 다분히 감정적이라는 사실이다. 하루에도 몇 번씩 감정변화에 따라 얼굴 표정이 변하고 신앙도 대부분 감정에 의존하는 경향이 있다.

청소년 정서의 특징을 살펴보면 다음과 같다. 첫째, 자기는 오해받고 있다고 느낀다. 신체적 변화와 정서적 변화가 급격함에 따라 자기 스스로도 자신을 이해하지 못할 때가 많아지고 대다수의 어른들이 그를 이해하지 못할 때가 많아지므로 아무도 자신을 이해하지 못한다고 단정 짓게 된다. 실제로 이 시기의 청소년은 많은 감정변화를 경험하게 된다. 활력이 넘치다가도 축 늘어지며 기쁨에 넘쳐 모든 것이 희망적이었다가 급작스럽게 정반대의 감정에 빠져 우울감에 빠지기도 한다.

둘째, 강렬한 감정을 가지고 있다. 분노, 애정, 기쁨, 슬픔 등의 모든 감정에 있어 넘쳐나는 강렬한 힘을 가지고 있다. 청소년은 한번 매력을 끌게된 정서나 사건이 떠오르면 놀라우리만치 열정적으로 몰두한다. 예를 들면, 화가 나면 물건을 던지며 고함을 지르고, 기쁨의 감정 또한 강렬하여 소리를 지르며 요란스럽게 감격해 한다. 애정 표현 역시 강렬하다. 교사나 스타, 또래 이성을 좋아하게 되면 현실적인 문제를 개의치 않고 홀딱 반해 모든 것을 쏟아 붓는다.

셋째, 감정의 변화가 유동적이고 일관성이 없으며 불안하다. 이 시기에 나타나는 변화무쌍한 태도는 어른들에게 있어서는 예측불가능하기 때문에 매우 당황케 한다. 어느 날은 매우 행복하다가도 갑자기 열등감을 느껴 우울해 한다. 원인 모를 충동적인 격정에 사로잡혀 일을 저지르기도 한다. 자기의 행동에 대해 뚜렷한 이유를 대지 못하며 '그냥'이라는 말을 자주한다. 이것은 이들에게 매우 자연스러운 답변이며 또 정확한 답변이기도 하다.

넷째, 자기통제가 약하다. 이성보다 감정이 우위를 차지하며 감정대로 판단하고 행동한다. 사춘기 초기에는 자기감정을 그 자리에서 분출하지만 중기에 이르면 감정을 금방 드러내지 않고 조절할 수 있게 된다. 그러나 드러내지 않지만 모든 감정이 해결되지 않고 차곡차곡 쌓여 있다가 갑자기 극단적인 행동으로 표출된다. 이러한 예측불허 행동 때문에 어른들은 당황한다. 어른들 눈에는 '별다른 일 없었는데 갑자기 일어난' 알 수 없는 행동으로 보일지 모르지만 청소년은 자기감정을 드러내지 않고 있었던 것뿐이다.

다섯째, 자아의식이 발달하여 고독을 원하고 또 고독에 빠지기 쉽다. 자아의식이 발달하여 자기를 분석하고 남과 비교하기 시작하면서 열등감과 우월감에 빠지기 쉽다. 이러한 자기분석은 건전한 자아상을 가졌을 경우에는 매우 유익하나 그렇지 못할 경우 지나친 자기비판과 자기혐오, 비관 등에 빠져 극단적인 결과로 이끌어가게 된다.

또한 상상력이 풍부하고 이상적인 것을 추구하므로 이상적인 자기와 현실의 자기 모습의 괴리를 받아들이지 못해 자기 자신에 대해 더욱 비관적으로 바라보게 된다. 그래서 이러한 문제를 해결하기 위해 청소년이 선택한 것이 현실을 벗어나 상상의 세계 속에 자신만의 세계를 구축하고 고독을 즐기게 된다. 가족의 간섭이 아니라 독자적으로 자유롭게 생활하고 싶어 한다. 혼자 여행을 떠나보고 싶어 하며 모험적인 가출의 충동을 한번쯤은 느끼게 되는 것이 이러한 연유에서다. 희노애락의 정서를 느끼고 이를 표현할 수 있는 것이 바로 청소년기에 습득해야 할 과제이다.

이처럼 모든 것이 불안정한 청소년에게 그리스도께서는 그를 이해하고 계신다는 사실을 교회학교에서는 주지시킬 필요가 있다. 또한 청소년을 인내심을 갖고 신뢰하며 있는 모습 그대로를 이해하고 인정해 줄 수 있는 어른이 필요하다. 바로 청소년기를 겪고 있는 아이들을 이해하며 자기 마음속에 쌓인 문제와 부정적인 감정을 나눌 수 있는 친구처럼 신뢰할 수 있는 교회학교 교사가 되어야 한다. 바로 그러한 교사가 다음세대를 위해 무엇보다 필요하다.

청소년이 행복한
중·고등부

중·고등부 사역자들이 청소년 사역을 계획하는 가운데 놓치지 말아야 하는 건 바로 그 대상이 되는 청소년이다. 어떤 대상자를 만나게 되며 교육할 지에 대한 선이해가 필요하다. 시대의 변화에 따라 청소년 문화는 급변하고 있어 모두 다 이해하는 것은 불가능하다. 심지어 그들의 마음을 이해한다는 것은 더더욱 힘든 일이다. 그러나 이해하려고 노력할 순 있다. 중·고등부 교사라면 청소년의 심리를 이해하고 변화 추이를 예측할 수 있어야 그들에게 맞는 계획을 세우고 프로그램을 운영할 수 있다.

　　예나 지금이나 변하지 않는 사실은 청소년 시기는 우리에게 주어진 삶 가운데 가장 큰 변화를 경험하는 시기라는 사실이다. 학업성적, 가정문제, 성격문제에 대한 고민도 우리를 힘들게 하지만, 또래집단 속에서 겪는 문제가 청소년들이 경험하는 가장 큰 문제이며 위기상황이다.

미국 루터교회의 유명한 청소년교육자인 스트롬멘(M. P. Strommen)은 "청소년들의 다섯 가지 외침(Five Cries of Youth)"을 통해 자기증오(Cry of Self-hatred), 심리적 고아(Cry of Psychological Orphans), 사회적 반항(Cry of Social Protest), 편견(Cry of prejudiced), 기쁨(Cry of the Joyous)으로 청소년 심리적 특성을 말하고 있다. 이 중 가장 중요한 2가지를 다음과 같이 정리하였다.

첫째는 자기증오다. 청소년은 자기의 실패 감정, 자신감의 결핍, 자신의 가치를 낮게 평가함으로 생기는 고독감, 불편한 교우관계, 공부와 장래 문제, 가족관계에 대한 걱정, 하나님의 관계에서 오는 불안, 이성과의 관계 특히 삶의 동반자 선택에 대한 걱정 등에서 표현된다. 이러한 문제는 첫째는 자기 자신에 관한 문제이고, 둘째는 타인과의 관계다. 이러한 이유들로 인하여 청소년은 매우 심한 자기증오를 갖게 된다.

둘째는 심리적 고아(혼자됨)다. 이것은 서로 사랑하고 함께 염려하는 가족의 일원이 되기를 원하는 청소년들의 욕구를 표현한 것이다. 이 욕구는 많은 청소년의 경우 대개 가정적 압박, 부모와의 관계에 대한 고민, 가정에서의 친근한 분위기 결핍, 사회적 관심의 결핍 등으로 분석된다. 이러한 가정적 고민이 무단가출, 청소년 비행, 심지어는 자살시도까지 연결된다.

스트롬멘은 청소년 심리를 통해 교회 청소년의 일부는 기쁨과 만족한 크리스천의 삶을 살고 있지만, 다른 일부는 사회적인 관심과 기성세대에 대한 불만과 항거의 심리를 나타내고 있음을 말하고 있다. 그밖에도 음주, 흡

연, 섹스의 유혹으로 인하여 갈등하고 있을 때, 실존주의의 영향으로 쾌락적인 삶의 양식을 채택하고 있다. 비단 이것은 미국만의 문제는 아니다. 우리나라 역시 지나친 입시경쟁으로 인해 정신적 억압을 가장 많이 당하고 있으며, 일부 교사들의 편견과 편애로 인하여 인격적인 불신과 경멸은 청소년들의 정서를 더욱 불안정하게 만들고 있다.

그렇다면 청소년 심리상태를 통해 다양한 청소년 문제가 야기되는 것을 살펴봤다. 이러한 문제를 해결하기 위해서는 청소년이 느끼는 고독감과 "나는 누구인가?"라는 질문에 대한 자아정체성을 확립하는 것에 그 핵심이 있다고 필자는 믿고 있다. 여기서 말하는 '나'는 집단정체성이 내포되어 있는 포괄적인 자료들에 기초하여 형성된 자아다. 또한 심리학자인 에릭 에릭슨은 "사춘기 청소년은 발달특성에 따라 자기를 찾아가는 시기이며, 바른 정체감 형성을 이루기까지 청소년문화에 탐닉하며 청년기를 기다린다."라고 발달과정이론을 통해 말한 바 있다. 그러므로 다양한 집단 속에서 청소년들이 경험하고 있는 의식과 삶에 대한 태도를 정확하게 진단하고 처방하는 일은 기독교교육의 과제이며, 다음세대 사역을 위해서 필요한 부분이다.

성경은 "영접하는 자 곧 그 이름을 믿는 자들에게는 하나님의 자녀가 되는 권세를 주셨으니"라고 요한복음 1장 12절을 통해 나의 신분과 소속감을 알려주고 있다. 주님께서 말씀을 통해 나의 정체성을 일러주신 것처럼 하나님의 자비하심을 알고 자신을 산 제물로 드리며, 이 세대를 본받지 않고 마음을 새롭게 함으로 변화를 받아 하나님의 선하시며 기뻐하시며 온전하신 뜻이 무엇인지 분별하며 헌신할 때, 청소년은 주님 안에서 비전을 품게 되고 비전을 통해 늘 행복할 수 있다. 지금, 청소년이 겪는 심리적 이유기는 성장과정에 따른 필수적인 혼란이며 모험이다. 다만 바른 정체감 확립과 주요한 인간관계를 통해 힘들고 어려운 시절을 잘 감당할 수 있다.

청소년 이해는
문화적 이해부터 시작하라

청소년을 바라보는 수많은 시각 중에 '문화를 통한 이해'는 그동안 지속적으로 진행되어 왔다. 그러나 청소년 문화는 오늘도 변화되고 있으며 또 앞으로도 변화하게 된다. 지속적인 관심과 이해가 바탕이 될 때 청소년을 이해하는 중요한 통로로 사용될 수 있다. 그렇다면 청소년 이해를 위해 문화적 관점에서 관찰하는 방법을 살펴보자.

첫째, 청소년 문화를 이해하기 위해서는 문화상대주의적 관점이 필요하다. 청소년이 아닌 세대가 청소년들의 입장에서 청소년 문화를 이해하려는 태도가 필요하다. 기성세대 중심의 시각으로 청소년을 육성의 대상으로만 바라보는 것은 적절하지 않다. 단순한 청소년 선도와 육성의 시각에서 벗어나 청소년 문화를 적절하게 비판하고 청소년 문화 이면에 놓여있는 욕구와 그들의 목소리를 이해하고자 하는 자세가 매우 중요하다. 청소년 시점에 청소년 문화 이해가 필요하다.

둘째, 청소년들은 다양한 문화를 누리면서 나름대로 문화를 생산하고 있다. 청소년 문화를 이해하기 위해서는 무엇보다도 독특한 청소년 문화가 생성될 수 있게 영향을 미친 다양한 문화의 특성을 알아야 한다. 사회문화적 환경을 염두에 두고 청소년 문화의 특성을 파악해야 한다. 청소년 문화는 다양한 문화들과 관계를 통해 형성된다. 오늘날의 청소년은 자신을 둘러싸고 있는 여러 가지 사회문화적인 요소들을 취사선택하여 나름의 문화를 형성하고 있다.

셋째, 청소년 문화 형성과정에서 청소년은 행위자와 의지를 가진 주체로 고려되어야 한다. 청소년들이 자신을 둘러싼 주변의 사회문화적 요소들을 취사선택하여 자신들만의 문화를 형성하는 것은 수동적인 대상이 아니라 청소년들 스스로가 능동적인 문화의 주체임을 기억해야 한다. 청소년들은 기성문화나 사회의 주류문화, 규범문화에 대해 아무 의식 없이 반응하는 것이 아니라 나름대로의 전략을 끊임없이 개발해 내고 있다. 결코 청소년들은 수동적으로 주류문화나 지배문화를 수용하거나 대상으로 파악되어서는 안 될 것이다.

넷째, 청소년 문화는 닫힌 체계가 아니라 지속적으로 변화하는 열린 체계에 있다. 다시 말해 청소년 문화는 끊임없이 변화하는 과정에 있음을 염두에 두어야 한다. 청소년 문화의 변화를 제대로 감지하지 못하고 정책이나 교육을 펼칠 때, 그것은 실효성 없음은 이미 예측 가능한 것이다. 경직되어 있는 제도가 변화하는 청소년 문화를 제대로 반영하지 못하고 있을 때, 청소년들이 도리어 파행적 문화를 만들어 나가는 것은 그다지 의아한 일이 아닐 것이다.

다섯째, 청소년 문화 내의 다양성을 염두에 두어야 한다. 청소년 문화 속에는 다양한 하위문화가 존재하기 때문에 청소년들을 동질적인 집단으로 바라봐서는 안 된다. 청소년 집단은 여러 가지 지표에 의해 수많은 하위 집단으로 구분될 수 있으며, 이들은 다양한 문화를 형성하고 있다. 이러한 청소년 문화 내의 다양한 하위문화들의 역동적인 관계는 청소년 문화를 지속적으로 변화시키는 힘이 된다. 따라서 이러한 다양성을 포용할 때 청소년 문화의 지평도 넓어지게 된다.

그렇다면, 바람직한 청소년 문화를 형성하기 위해 교회와 지도자들은 어떠한 역할을 감당해야 할까?

첫째, 청소년 문화공간을 확보해야 한다. 교회별로 또는 지역별로 청소년을 위한 공간을 구성하고 이들을 지원해야 한다. 청소년이 머무를 수 있는 곳이 교회에 있을 때, 아이들은 교회에 머무르게 된다.

둘째, 청소년 문화축제의 정착이다. 청소년 축제는 청소년 문화의 통로다. 기독청소년 축제를 기획하고 연출하고 진행할 때 비로소 교회 청소년 문화가 살아나게 된다.

셋째, 청소년 신앙교육을 위한 연구소와 청소년 문화를 연구할 청소년 센터가 설립되어야 한다. 지속적인 관심과 연구가 교회단위, 노회나 지방회 단위, 총회단위로 나타날 때 다음세대의 마음을 교회로 돌아오게 할 수 있다.

마지막으로 청소년 문화에 대한 기성세대의 의식전환이 필요하다. 청소년들은 하나님께서 주신 문화의 주체자요 행위자들 임을 인정해야할 것이다. 교회마다 청소년 문화가 꽃을 피우길 기대해 본다.

성경을 통한 자기주도학습으로
세상을 이기는 중·고등부 만들기(1)

중고등학생들이 학교와 학원에서 교과과목에 대한 학습을 하는 방법 중 하나로 자기주도학습을 선택하여 학습하고 있다. 그럼 교회학교에서도 성경 말씀을 학습하는 방식으로 중고등부에 청소년들이 스스로 성경을 통한 자기주도학습이 가능하다는 전제 아래 개념 찾아보고 그래야 하는 이유를 설명해 보도록 하겠다.

자기주도학습(Self-directied Learning)이란 학습자가 다른 사람의 도움 없이 자기 스스로 주도권을 가지고 학습참여 여부를 결정하고, 학습목표를 설정하며, 효율적인 학습전략을 선택적으로 사용하여 학습을 수행하고, 그 결과를 스스로 평가하여 피드백하는 과정을 의미한다. 그럼 교회학교에서도 다음세대들이 성경말씀을 학습하고 신앙생활을 유지, 관리, 훈련하는 과정에서 자기주도학습을 할 수 있도록 해야 한다.

　　다음세대 사역중 청소년부 사역은 학교 시험기간이 매우 중요하다. 최근 시험기간이 되면 "예배에는 시험기간이 없습니다."라는 캠페인을 펼쳐야 할 정도로 아이들은 시험에 목숨을 건다. 상위권 성적을 유지하는 친구는 시험을 치르기 한 달 전부터, 대부분의 아이들은 2주 전부터 시험대비 학습모드로 전환한다. 교회에서 살다시피 찬양하며 놀던 친구들도 슬며시 눈치를 보며 자신의 입장을 밝혀 청소년부 지도자들은 걱정이 태산이다. "앞으로 2주 동안 교회 못 와요"라는 친구들에게 이유를 물어보면 이구동성으로 "시험기간이예요! 공부해야죠!"라고 말한다. 언제부터인가 교회교육은 세상교육에 밀려 완전 뒷전이다. 이럴 때 교사들은 난감하다. 교역자의 교육방침에 따라 수용되기도 하고 조절되기도 한다. 예배시간을 탄력적으로 조절하자는 말이 나올 정도로 시험기간이 되면 개교회 중·고등부 실은 휑하니 빈자리가 눈에 들어온다. 세상이 교회를 이기는 순간이다.

　　"아들아, 다음 주부터 시험기간이니 이번 주일에는 교회 가지 말고 학원가서 공부하렴.", "엄마, 어제 늦게까지 공부해서 피곤한데 오늘 교회 빠지면 안 될까요?" 이런 말들이 각 가정에서 오고 간다. 이를 두고 과연 사랑이 넘치는 가정으로만 볼 수 있을까? 입시 위주의 파행적인 교육열과 과도한 사교육 현실이 기독교가정이라고 그냥 내버려 두지 않았다. '입시·사교육바로세우기기독교운동'이 최근 조사한 결과에 따르면, 서울 강남권 모 교회의 경우 시험 기간 동안에 수백 명의 학생이 학원 수업 참여를 이유로 교회에 출석하지 않는 것으로 드러났다. 조사기관은 결과를 밝히면서, 자녀교육에 있어 신앙은 온데간데 없어졌다고 지적했다. 교회교육 전문가들은 사교육의 팽창이 교회교육의 위축을 가져오고, 특히 주일 오전에 부모의 이기심 때문에 학원을 가는 자녀들이 늘면서 교회교육의 파행까지 가져온다고 분석하고 있다.

> 여호와를 경외하는 것이 지식의 근본이어늘 미련한 자는 지혜와
> 훈계를 멸시하느니라.(잠언 1:7)

말씀은 우리에게 분명하게 말하고 있다. 하나님을 경외하는 것이 지식의 근본이라는 사실을. 그러나 많은 사람들은 지식의 근본을 다른 곳에서 찾고 있다. 세상에서 말하는 스펙을 위해 예배와 신앙생활을 포기해도 된다는 생각을 어렸을 때부터 가르치고 있다. 하나님 형상으로 지음 받은 우리는 하나님을 영화롭게 하는 것이 주목적임에도 불구하고 세상과 타협하는 방법을 중·고등학교부터 자연스럽게 습득하고 있다는 사실이다. 더 이상 이러한 삶을 아이들이 살도록 방치해서는 안 된다. 그렇다면 어떻게 아이들과 부모를 온전하게 신앙생활을 할 수 있도록 붙잡을 수 있을까?

해결책은 먼 곳에 있는 것이 아니라 가까이에 있다. 바로 '말씀'이다. 잠언 말씀에 따르면 '여호와를 경외하는 것'과 '지식의 근본'은 분리된 것이 아니라 서로 연결되어 있다는 사실을 주지시켜야 한다. 자녀가 지혜롭게 성장하기 원한다면 먼저 여호와를 경외해야 한다는 사실을 놓치지 말아야 한다. 하나님은 우리에게 더 많은 것을 주시는 분이다. 솔로몬이 부를 간구했던 것이 아니라 지혜와 명철을 요청한 덕분에 그는 지혜와 명철 뿐 아니라

부까지 누릴 수 있었다.

진정한 공부는 누가 시키지 않아도 스스로 필요에 의해 하는 것을 말한다. 이른바 '자기주도학습'이다. 성적이 높은 아이, 명문대에 입학한 아이들 대부분은 자기주도학습이 몸에 배어 있다. 부모가 시켜서 억지로 하는 공부로는 단시간 효과를 볼 수는 있겠지만, 장기적으로는 결코 원하는 목표에 도달할 수 없다. 자기주도학습이 중요한 이유는 스스로 알아서 공부하는 아이는 미래까지도 적극적으로 설계하고 가치 있는 인생을 살아가기 때문이다. 초등학교 고학년부터 중학교시기에 자기주도학습의 습관을 들이면 입시전쟁을 겪어야 하는 고등학교 때 훨씬 수월하게 공부할 수 있다. 말씀과 함께 자기주도학습을 교회학교를 통해 습득할 수 있다면, 자연스럽게 교회학교에 시선이 고정될 수 있다.

내 아이를 자기주도학습형 인재로 키우기 위해서는 부모의 관심이 절대적으로 필요하다. 학원에 맡기고 부모의 역할이 다 끝났다고 할 것이 아니라 말씀을 함께 묵상하며 주님을 경외하는 법을 훈련함으로써 주님을 신뢰하고 모든 것을 맡길 수 있다. 부모는 아이의 '학습코치'가 되어야 하며, 아이 스스로 공부하기 위해서 반드시 필요한 자기주도력을 교회학교를 통해서 습득할 수 있다. 그동안 자녀교육에 열성적인 부모들은 그저 학교나 학원에 아이들을 맡기면 다 되는 것으로 생각했다는 사실이다.

성경을 통한 자기주도학습으로
세상을 이기는 중·고등부 만들기(2)

오늘날 한국 사회의 가장 심각한 문제는 '교육'이다. 입시 위주의 파행적인 교육은 이제 그 도를 넘어섰고 이를 개선해 보고자 제도를 바꾼다 하더라도 또 다른 사교육이 등장할 정도로 입시시장은 재빠르게 움직인다. 과도한 사교육으로 부모들은 맞벌이를 해야만 생계가 유지되고 자녀를 교육시킬 수 있다. 여기에는 기독교가정도 예외가 아니다. 문제는 어떻게 해결할 것인지 대안이 필요하다. 필자는 여기에 대한 대안으로 '성경을 통한 자기주도학습'에 있다고 생각한다. 신앙과 태도, 학업이 따로 떨어져 있는 것이 아니라 모두 연계되어 있다는 사실을 기억했으면 한다.

1. 좋은 멘토 만나기

특별히 어렸을 때부터 좋은 멘토를 만나는 게 중요하다. 부모, 형제자매, 교회 목사님, 성경을 통해 예수님 등 우리에게 신앙적인 모범이 될 만한 사람을 멘토로 만나 인격적인 교제와 함께 신앙양육을 받는 게 무엇보다 필요하다. 시대가 바뀌고 세상이 변했다고 해도 이 시대를 살아가는 자녀들에게 변하지 않는 기준인 하나님의 말씀을 선포할 수 있는 멘토가 필요하다. 성경은 지식의 근본이 되는 복을 누릴 수 있고, 하나님을 경외하며 권위를 인정하고 경청하는 것이 가장 선행되어야 할 교육방법 중 하나이다. 그리고 하나님의 성품을 닮아감으로써 꿈과 비전을 얻게 되고 통찰력을 갖게 될 수 있다. 가장 온전한 학습법은 신앙과 태도 그리고 학업이 더불어 성장하는 것이다. 여기에 청소년들을 바르게 인도해 줄 좋은 멘토가 필요하다. 멘토의 경험과 삶을 모방함으로써 자신의 삶을 그려나갈 수 있고, 타인을 비교하지 않고 자신을 직면함으로써 성경적인 자기주도학습을 실행할 수 있다. 학생으로 세우신 하나님의 부르심을 기억하며 좋은 멘토를 통해 학습의 방향성을 설정해 보자.

2. 말씀묵상

자기를 직면하는 가장 좋은 방법으로 말씀묵상(QT)만한 것이 없다. 성경은 말씀이 우리 삶의 기준이라고 선포하고 있다.

다니엘은 뜻을 정하여 왕과 음식과 그가 마시는 포도주로 자기를
더럽히지 아니하리라 하고 (다니엘 1:8)

다니엘은 포로라는 신분임에도 불구하고 말씀을 순종하며 하나님과
동행하는 것을 포기하지 않았다. 그래서 그에게 요구된 것을 거부했다. 말씀
을 통해 스스로 뜻을 정하고, 분명한 의지로 선택한 것이다.

다니엘의 삶 속에서 우리는 성경적인 자기주도학습의 원리를 발견할
수 있다. 교육은 남이 해주는 것이 아니다. 사지육신이 멀쩡한데 언제까지
부모가, 교사가 떠먹여주는 음식을 받아먹고 살아가야 할 것인가. 부모와 교
사는 아이가 성장할 수 있도록 곁에서 돕는 조력자라는 사실을 잊지 않았
으면 한다. 무엇보다도 교육은 스스로 공부하는 의지가 중요하다. 주님께서
우리에게 허락하신 자유의지를 통해 주님께 영광 돌리면서 학습한다면 이
보다 더 좋은 방법은 없으리라 생각한다.

말씀묵상은 어떻게 하는 것이 좋을까? 고민되는 분들을 위해 "큐티는
파티다"(성서유니온선교회)를 추천한다. 그리고 나서 새벽나라·청소년매일성
경·주티 등과 같은 청소년전문 큐티 책을 통해 지속적으로 말씀묵상을 시
작한다. 또한 말씀묵상과 함께 암송, 통독까지 한다면 자연스럽게 뇌가 자
극을 받아 학습할 수밖에 없는 상태를 유지한다. 물론, 누군가의 강요에 의
한 학습은 절대 효과가 없다.

또한 아이에게 공부를 해야만 하는 목표와 동기를 부여하고 올바른 학
습습관과 방법, 시간 등을 체크해주는 것이 필요하다. 목표 설정을 통한 동

기부여는 물론 전략적인 시간활용 방법, 과목별 공부계획 등을 함께 고민하고 관리하는 학습코치의 역할은 아이와 가장 가까운 부모가 해주는 것이 훨씬 효과적이다.

3. 확실한 목표 설정을 하도록 도와준다.

목표를 명확히 설정해야만 방향성을 잃지 않고 자발적으로 공부할 수 있다. 목표설정을 위해서는 아이가 자기 스스로에 대해 제대로 아는 것이 필요하다. 이를 위해선 내가 좋아하는 것과 싫어하는 것, 성격, 과거의 나, 현재의 나, 미래의 나, 나만의 강점 찾기, 내가 가치 있게 생각하는 것이 무엇인지, 내가 진정으로 원하는 것과 하고 싶은 일이 무엇인지 등을 끊임없이 생각해보며 나를 탐색하는 시간이 필요하다. 위의 사항을 토대로 구체적이고 현실적인 꿈의 목록을 만든 후 이 꿈을 이루기 위해서는 학습이 필요하다는 사실을 아이가 깨닫도록 한다.

성경을 통한 자기주도학습으로
세상을 이기는 중·고등부 만들기(3)

"자녀는 공부만 잘하면 된다."라는 말처럼 무책임한 말이 없다. '대학생이 된 자녀들이 교회생활을 하지 않아 걱정'이라 하소연하는 성도와 집사들을 보면 씁쓸하다. "집사님! ○○가 고등부에 나오지 않는데 무슨 일 있어요?" "목사님! 죄송해요. 일단 대학부터 보내고요. 신앙도 중요하지만, 요즘같이 스펙을 따지는데 명문대학은 보내야 하잖아요!"라면서 치마폭에 자녀를 꽁꽁 싸매둘 때는 언제고, 대학에 진학해서는 귀찮아서 신앙생활 안하겠다는 다 큰 자녀 때문에 골머리 썩는다고 하소연이다.

과연, 자녀에게 부모는 무엇을 보여줬는가? 세상을 이기는 모습이 아니라 세상에 끌려 다니는 모습만 보여줬기 때문에 자녀들에게 신앙은 공부이상이 될 수 없다. 하나님의 뜻이 무엇인지 살피고 그것에 따라 가치관을 세울 필요가 있다. 교회학교에서는 다음세대들에게 성경적 가치관 교육인 '기독교세계관' 교육을 체계적으로 지도할 필요가 있다. '학원' 가는 문제를 놓고 무조건 교회를 가는 것도 문제고, 자녀는 학원에 보내고 부모는 자녀 대신 신앙생활 하는 것 역시 문제가 있다. 그렇다면, 교회학교가 대안을 제시한다면 상황은 변화하지 않을까?

좋은 멘토와 말씀묵상에 대해 교회에서 제공하면, 부모가 학습코치가 되어 목표설정과 시간 관리에 대해서 좋은 예가 된다고 주장하고 싶다. 존재발견, 자기발견, 세계발견, 목표설정, 전략수립, 감성소통이란 영역을 통해 인재발굴을 하는데, 바로 교회학교에서 실시하는 상당수의 교육이 여기에 속한다는 사실이다.

물론, 교회는 절대로 입시교육기관이 아니다. 이점은 꼭 기억하자. 놓치지 말자. 신앙공동체가 모인 교회학교에서 세상을 이길 수 있는 방법을 신앙교육 프로그램을 통해서 즉각적으로 적용할 때, 세상을 이끌어가는 리더로 성장할 수 있다. "어떻게 그래요. 불가능해요."라고 생각하는 사람들을 위해 한 예를 들자면, 모세의 삶을 이야기할 수 있다. 그를 훈련시킨 하나님의 방법, 바로 여기에 세상을 이끌어갈 리더십의 방법이 숨어있다. 하나님께서 모세를 훈련시킬 때 누군가와 비교하지 않았고 자신을 직면할 수 있도록 했다. 제일 중요한 것은 자기 자신을 말씀 속에 직면시키는 훈련이다.

이때 제일 좋은 훈련방법은 말씀묵상(QT)이라고 생각한다. 하나님 앞에서 나 자신을 직면하고 충성스럽게 시간을 사용하면서 주님께 영광을 돌릴 수 있는 인재가 될 수 있도록 교회는 도와야 한다. 그렇다고 물고기를 잡아서 아이에게 주는 것이 아니라 말씀과 신앙훈련을 통해 고기 잡는 방법을 배우고, 세상을 이기는 리더가 되는 것을 목표로 세우고 그것을 달성하기 위해 스스로 공부하고 계획하고 실행할 수 있도록 도울 때 비로소 학업에 대한 성취감과 함께 만족도가 높아져서 자연스럽게 성적이 향상될 수밖에 없다.

잠언 29장 18절에 "묵시가 없으면 백성이 방자히 행하거니와"처럼 교회학교를 통해 하나님의 시야에 나의 시야를 맞출 수 있도록 훈련시키자. 나의 삶을 향한 하나님의 계획, 하나님의 비전을 가슴에 품고 나갈 수 있도록 돕자. 모세를 세웠던 하나님의 방법을 기억하면서.

예수님께서 열두 제자를 찾으실 때, 시험을 봐서 성적순으로 제자를 선발하지 않았다. 직접 제자를 만나고 면접을 통해 그들의 대화 속에서 미래의 가능성을 살펴봤다. 바로 이러한 모형이 입학사정관제도이다. 물론, 예수님은 인격적인 방법뿐 아니라 하나님의 예정 가운데서 하나님의 아들의 권한으로 선택한 것이지만, 최종적으로 볼 때 일반인이었던 제자들을 전인격적으로 면접을 통해 선택했던 것이다(마태복음 4:18~22).

많이 배운 사람이나 이름 있는 가문의 출신이 아니라 어부와 농부 그리고 심지어 죄인으로 치부하던 세리까지 제자로 삼으셨다. 추후 이들은 예수님의 기대에 부응하듯 하나 둘 제자로서의 면모를 보여줬고 예수님을 좇아 제자의 삶을 살면서 생을 마쳤다. 따라서 입학사정관제는 세상의 것, 이교도의 것이 아니라 예수님께서 제자들을 선발하면서 보여줬던 것처럼 믿음의 사람들에게 가장 유리한 입시제도라 생각한다.

너희 안에서 행하시는 이는 하나님이시니 자기의 기쁘신 뜻을 위

하여 너희로 소원을 두고 행하게 하시나니 (빌립보서 2:13)

신뢰적 관계 훈련을 통한
다음세대 성장하기

제4차 산업혁명 사회인 스마트시대로 급속한 변화를 경험하고 있는 요즘, 개인주의가 더욱 발달되면서 야기된 소외감이 만들어낸 자아도취가 하나의 트렌드로 드러나면서 '셀프홀릭(Self-Holic)'족이 등장하게 되었다. 본래 셀프홀릭은 자기를 교육화하는 자기 계발의 또 다른 표현이지만, 젊은 층을 중심으로 교육적인 부분은 사라지고 자아도취에 빠져 과감한 표현과 문화 소비가 중점적이다. 지나친 자기애는 함께 어울려 살아가는 사회에서 극단적 개인주의로 흘러 또 다른 소외감을 낳을 수 있는 문제점을 지니고 있다. 성경에서도 탕자의 비유를 통해 말하고 있다. 둘째 아들(탕자)이 많은 사람들 속에서 살았지만, 정신을 차려보니 아무도 남아있지 않았다. 다시 말해 자기 이익이 먼저이기에 친구는 없고 오직 견제 대상만이 존재하게 된다.

그러나 사람은 혼자 살 수 없다. 하나님께서 독처하는 아담에게 돕는 배필로 하와를 허락하셨던 것을 보면 알 수 있다. 또한 '친구 따라 강남 간다'는 속담이 있다. 이 말은 사람의 모방심리를 표현하는 말이지만 특히 청소년들의 또래집단이 보여주는 행태에 적절하게 표현한 말이다. 친구가 하니까 머리에 무스도 바르고, 똑같은 머리핀을 하고, 헤어스타일과 옷을 입는 스타일도 모방한다.

청소년기에는 누구보다 친구가 필요하다. 부모와 교사는 청소년들의 친구가 되기 위한 노력을 계속해야 한다. '의미 있는 존재'가 되어서 이들의 성장에 유익을 제공해야 한다. 그리고 동성과 이성 친구의 교제를 용인하고 격려하면서 지도하는 자상함이 절실히 필요한 때이다. 그렇다면, 이러한 '친구'를 통해 바랄 수 있는 기대는 과연 무엇일까?

인간관계의 발달 정도를 다섯 단계로 정리할 수 있다. 관계는 만남을 이루고 만남은 청소년들의 인격지도에 가장 중요한 요소가 될 수 있다.

첫째, 호감을 갖는 단계이다.

사람은 누구나 상대방을 향해 그의 외모, 능력, 나에 대한 친절, 서로의 공통점 등으로 인해 호감이나 불쾌함을 갖게 된다. 이것은 주로 일방적인 관계이기 쉽다. 그리고 선입견이 되어 관계의 발전을 위한 좋은 기초가 되기도 하고 나쁜 영향을 주기도 한다. 그래서 청소년은 호감을 통해 인간관계의 영역을 넓혀가게 된다.

둘째, 이해하는 단계이다.

서로의 생각이 유사하고 상대방을 존중하는 상태가 되면 만나기가 편해지고 빈번하게 접촉을 하게 된다. 이로 인해 교제의 깊이가 더해진다. 취미, 특기, 성장과정, 특성, 그리고 가치관 등을 나누는 일이 필요하다. 그리고 함께 하는 시간이 조금씩 늘어나게 된다. 수다를 함께 나누고 그저 그런 이야기를 재밌게 듣고 말하는 인간관계에 가장 기초가 되는 단계이다.

셋째, 신뢰하는 단계이다.

사람은 말과 행동이 일치함으로써 상대방에게 신뢰감을 갖게 할 수 있다. 많은 경험을 함께 나누는 시간을 통해 거부감 없이 생각과 가치관을 공유하게 된다. 머리로 이해하는 정도에서 가슴으로 공감하는 정도까지 나아가게 된다.

넷째, 사랑하는 단계이다.

'애정'을 의미하며 독점적이고 배타적인 관계로 책임을 수반하게 된다. 다양한 인간관계에서 1:1의 관계로 깊이 있는 교제를 의미하며, 서로가 서로에게 동일한 관심과 배려를 요구하게 되어서 독특한 관계가 된다.

다섯째, 필요의 단계이다.

나의 존재와 삶을 위해서 꼭 필요한 대상이 되는 것이다. 대단히 의존적이고 상호 영향을 미치는 깊이 있는 관계다. 이성이라면 결혼할 만한 사이가 된다. 따라서 '친구'는 고독을 이기게 하며 서로에게 신뢰감을 주는 일이 기본적으로 전제되어야 한다. 마찬가지로 교사와 학생 간에도 이러한 신뢰 관계의 형성이 매우 필요하다. 서로 공감하여 이해하고 수용하기 위해 존중하며 일관된 성실함으로 나 자신을 표현하고 상대방을 대하게 될 때,

서로의 관계는 더 깊이 있게 발전하게 된다. 이것이 곧 신뢰이다. 이러한 신뢰를 통해 우리는 학생들에게 감동적이며 영감 있는 교육을 할 수 있게 된다. 교사와 학생 간의 신뢰는 교회 안에서 하나님과 학생간의 신뢰로 발전하게 된다. '선생님이 믿는 하나님을 나도 믿고 싶어요'라고 고백하는 순간, 아이의 신앙고백이 시작되며 기초가 되기 때문에 매우 중요하다. 어떻게 하면 신뢰받는 교사가 될 수 있을까? 먼저, 하나님을 신뢰하는 신앙을 가져야 한다. 하나님은 모든 가능성의 시작이기 때문이다. 다음으로는 구체적으로 학생과 신뢰의 관계를 형성하기 위한 만남을 가져야 한다. 함께 이야기하고 함께 감정을 공유하며 서로의 가치관을 일치시키는 노력을 해야 한다.

생각하는 교사, 생각하는 교회학교

초판 1쇄 인쇄 ㅣ 2022년 10월 13일
초판 1쇄 발행 ㅣ 2022년 10월 20일

지은이 ㅣ 박현동
펴낸이 ㅣ 박대용
펴낸곳 ㅣ 도서출판 징검다리
등록 ㅣ 1998. 4. 3. No.10-1574
주소 ㅣ 경기도 파주시 산남로 85-8
전화 ㅣ 031)957-3890~1   **팩스** ㅣ 031)957-3889
이메일 ㅣ zinggum0215@daum.net

편집/디자인 ㅣ 오브디자인 ovdesign.kr

ISBN ㅣ 978-89-6146-173-3 (03230)